Gabriele Krämer

Magnolien und Zigarren

Gabriele Krämer

Magnolien und Zigarren

Jugenderinnerungen an den Schwarzwald

MORITZ SCHAUENBURG VERLAG
Lahr/Schwarzwald

Umschlagentwurf und Zeichnungen: Gerhard Hauck
Jegliche Ähnlichkeit mit lebenden oder toten Personen ist unbeabsichtigt und wäre rein zufällig.

1. Auflage 1983

Gesamtherstellung
Moritz Schauenburg GmbH & Co. KG, Graphischer Großbetrieb
Lahr/Schwarzwald
ISBN 3-7946-0220 X

Für Rolf, Thomas und Christoph

Regen und Hagelschauer peitschen gegen die Windschutzscheibe. Mühsam fährt das Auto durch die Sturmböen. Endlos geradeaus führt das graue Band der Autobahn dem Süden zu. Ich fahre über den Main und stelle das Radio leiser. Die Landschaft wird vertrauter, der Regen freundlich – bald bin ich zu Hause.

Wenn die dunklen Schwarzwaldhöhen auftauchen, erst zögernd, dann steil aufragend zum tiefhängenden Wolkengewoge, wenn Nebelschleier aus den Wäldern ziehen und wie weiße Girlanden die Tannen umkränzen, dann steigt das altvertraute Gefühl der Geborgenheit in mir auf. Ich werde wieder zum Kind, betrachte die vorüberhuschenden Naturbilder mit fröhlichen Kinderaugen und glaube in einem alten Bilderbuch zu blättern.

Die Kreisstadt taucht auf und bedeutet für mich Klosterschule. Ich fühle die gütigen und strengen Blicke meiner damaligen Erzieherinnen auf mich gerichtet und bedauere beschämt, sie nie mehr aufgesucht zu haben, um nachträglich empfundene Zuneigung und Dank zu bekennen.

Nachdem ich die große Straße verlassen habe, breitet sich vor mir das Heimattal aus. Drüben fließt träge die Kinzig, der große Fluß meiner Kindheit. Wie im Traum fahre ich durch die behäbigen Dörfer, die in zeitloser Beschaulichkeit am Fuße der Wälder wuchern. Ich lasse mich von dem eiligen Triebwagen überholen, der die fauchende Dampflokomotive meiner Kindheit verdrängt hat. Irgendwo drüben am Wald muß die legendäre Stelle gewesen sein, von der man früher erzählte, daß um Mitternacht eine arme Seele umging, um für ein schlechtes Leben Buße zu tun. Auf der Kinzigbrücke halte ich an und blicke hinunter in das gebändigte Wasser.

Wie schauerlich großartig waren für uns Kinder die Hochwasserkatastrophen im Frühling! Das ganze Städtchen hielt den Atem an. Die Männer schöpften Keller und Ställe leer, die Frauen scharten sich um den gestrengen Herrn Hochwürden und murmelten beschwörende Bittgebete zur buntbemalten Kirchendecke. Wir Kinder aber hockten am reißenden Fluß, starrten auf die weißbeschäumten Wellen, froren und zitterten vor Kälte und vor Abenteuerlust. Da tat sich Außergewöhnliches, und wir waren dabei!

Holzbalken, entwurzelte Tannen, zerschmetterte Scheunen, tote Kühe und Schafe tanzten in höllischem Gischt an unseren Blicken vorbei das Tal hinunter bis hin zum weit entfernten Meer, dessen Wasserwüste sich keiner von uns so recht vorstellen konnte. Über uns weg fegten im Sturmbraus schwarze Wolkengebirge, und wir glaubten dort oben den Satan mit seinem Gefolge reiten zu sehen, um gegen den Himmel anzustürmen. Der Herr Hochwürden schien ähnliches zu vermuten, denn die Kirchenglocken hatten alle Feierlichkeit verloren. Gellend schrien sie Alarm; Alarm das Tal hinauf und hinunter . . .

Ein banges Gefühl beschleicht mich plötzlich; Zweifel macht mich unsicher und beklommen. War es richtig zurückzukehren, eine Welt zu suchen, die der Vergangenheit angehört? Wird es mir je gelingen, die unzähligen Mosaiksteinchen der Erinnerung zu ordnen, Stein an Stein zu fügen, verblaßte Bilder noch einmal aufleuchten zu lassen?

***

In graues Licht gehüllt öffnet sich das Heimatdorf. Die alte Friedhofmauer hat die Jahre überdauert, die Gärtnerei Wetterer mit den geduckten Gewächshäusern, den Fisch-Schmieder gibt es noch, wo Mutter immer die Forellen kaufte – die Gut-Leut Brücke über den kleinen Plätscherbach – Vaters Obstgarten, der längst in fremde Hände übergegangen ist – die alte Stadthalle, in der Onkel Alfred irgendwann zur Fastnachtszeit den einerseits beliebten und andererseits bekrittelten Lumpenball begründet hatte.

Das Ortszentrum mit der neuen Sparkasse, die wie eine Schachtel in der Schachtel aussieht. Hier hatte ganz früher ein fürstenbergisches Schloß gestanden. Später wuchs aus den alten Mauern die Zigarrenfabrik – unsere Fabrik –, die plötzlich wieder vor meinen Augen steht und die neuen Bauten verdrängt: Stolz zieht sie sich in die Länge, senfgelb mit rotem Ziegeldach, umgeben von kurzgeschorenen Rasenflächen.

Neben der Einfahrt reckt sich aus gewaltigem Stamm der alte Magnolienbaum empor. Im Frühjahr von Knospen übersät, die sich zu großen blaßrosa Blüten öffneten; dann schienen sich die Äste noch wuchtiger auszubreiten. Schwer trugen sie jeden Sommer an ihrer Schönheit, bis sich der Wind erbarmte und die ersten Blütenblättchen abzauste. Dem folgte ein bunter Blütenregen.

Ein blaßrosa Teppich schmiegte sich zärtlich ins Grün der Wiese. Und ich, das Kind, tanzte über die herabgesunkene Pracht, wirbelte sie noch einmal hoch, warf sie mit vollen Händen dem mutwilligen Herbstwind entgegen, spielte glücklich mit Vergänglichkeit – wußte ich doch, daß mir im nächsten Jahr erneut dieses geliebte Sommerwunder geschenkt wurde.

Schräg gegenüber Kolonialwaren-Läufer mit den Obst- und Gemüsekisten vor der Tür – das Rathaus in neuem Farbenkleid – der Marktbrunnen – und dann die Kirche. Wie eine Gluckhenne spreizt sie sich auf dem erhöhten Kirchplatz. Eine uneinnehmbare Festung, Zuflucht anbietend, Geborgenheit ausstrahlend. Daneben das frühere Pfarrhaus, spitzgiebelig, engbrüstig, ein Fachwerkhaus mit verträumtem Holzbalkon, der morsch über dem verwilderten Gärtchen hängt. Vorbei am Wirtshaus »Zum Grünen Baum«, bergan, den Waldhöhen entgegen.

Das Einfahrtstor zum Elternhaus läßt sich nur mühsam öffnen. Langsam fahre ich über den knirschenden Kiesweg. Die ehemalige »neue Villa« ist zur »alten Villa« geworden. Einsam und verlassen liegt sie vor mir. Ihr einstmals stolzes Aussehen wich dem rissigen Gesicht einer müden Märchenerzählerin.

Ich gehe durch den Garten meiner Kindheit, schreite behutsam über Vaters Rasen, der tiefe Narben von Moos und Löwenzahn zeigt, stehe vor der Schaukelstange und dem alten Kirschbaum, der nur noch wenige Blüten treibt. Ich steige über die Steintreppen hinauf zum Gemüsegarten, blicke in die blinden Scheiben des Frühbeets, bleibe in verwilderten Beerensträuchern hängen, die längst keine Früchte mehr tragen.

Eine erdrückende Leere liegt über Haus und Garten. Erloschen sind Glanz und Ausstrahlung: mitgestorben beim Tod der Eltern. Ich selbst bin zur Fremden geworden und störe das stille Entgleiten der Dinge mit meiner Anwesenheit.

***

Am nächsten Tag hat mich Rolf ganz überraschend im Märchenhaus besucht. Im Frühlingsregen sind wir durch den Garten gegangen, ich habe alle blühenden Blumen geschnitten und sie zu einem fröhlichen Strauß für die Eltern gebunden.

Auf dem Friedhof wird mir zum ersten Mal wieder warm ums Herz: Hier finde ich die liebenswerten Begleiter meiner Kindheit wieder; hier lächelt mir das alte Städtchen entgegen: Die Gräber sind wie früher farbenfroh bepflanzt, eifersüchtig gehegt und gepflegt. Trotz Dauerregen hackende Frauen, jätend, ordnend, kleine Pausen einlegend, als hielten sie flüsternde Zwiesprache mit den Lieben dort unten. Ich haste durch die Wege und Rabatten, möchte den einen so schnell wie den anderen besuchen. Ich lese ihre Namen, die beigefügten Berufsangaben und sehe sie alle vor mir: den Schuhmachermeister, den Sattler, den Metzgermeister, den gestrengen Hochwürden, den jovialen Arzt. Ich stehe vor der schmalen, verloren wirkenden Liegestätte von Onkel Alfred.

Bei ihm ist kein Beruf vermerkt. Er gehörte wohl zu jenen, die sich nicht festlegen konnten oder wollten, die mit zuviel Begabung ausgestattet an hochgesteckten Traumzielen zerbrachen. Die Großeltern im Fabrikantengrab, beschützt vom trauernden Christuskopf mit der Dornenkrone. Großmutter, deren Abstammung Vater in geheimnisvolle Geschichten verwob, Urahnen auf längst zerfallenen Burgen andeutete, die als gefürchtete Raubritter das Tal beherrschten. Großvater, der noch mit Pferd und Wagen seine Geschäfte betrieb, die Zigarrenkisten in entlegenste Dörfer kutschierte und der sich auf nächtlichen Heimwegen ganz auf die braven Rößlein verlassen konnte, die zielsicher Opas Stammwirtshäuser antrabten und ihm zum wohlverdienten »Viertele« verhalfen.

Vater hätte gerne bei seinen Eltern die letzte Ruhe gefunden, doch Mama mochte nicht mit unter den Christuskopf ziehen. Sie kaufte kurz entschlossen ein freigewordenes großes Grab mit elegantem Marmordenkmal, das eine sanft lächelnde griechische Göttin darstellte. Über der schönen heidnischen Dame ließ Mutter ein goldenes Kreuzlein einmeißeln, damit auch alles seine Richtigkeit habe. Zwei Trauerweiden neigen sich tief und schützend zur Erde hinab – eine grüne Kapelle, in der die Vögel singen und unentwegt die Blättchen wispern: ein tröstliches Wahrzeichen für die ständige Fortdauer des Lebens.

Beruhigt, fast glücklich, kehre ich ins schweigende Haus zurück. Es ist Abend geworden, und ich sitze im Bauernstübchen am blankpolierten Eichentisch. In der Ecke spinnwebverhangen der Herrgottswinkel, an der Wand tickt scheppernd die große Kuckucksuhr. Ich habe die Jalousien und Fenster geöffnet, blicke hinauf zum dunklen Wald, dessen Rauschen grüßend herabweht und das ganze Zimmer ausfüllt. Die Dämmerung wird zum geheimnisvollen Kaleidoskop. Bunte Farbsplitter fügen sich zu Bildern aus der Vergangenheit, die aneinandergereiht die Geschichte einer Familie – meiner Jugend – erzählen.

»Es war einmal«, höre ich den Vater sagen:
Es war einmal, flüstert's im ganzen Haus.

***

Der blaue Dunst bestimmte das Leben unserer Familie. Die Stammfabrik von Urgroßvater Krefft stand in einem Dörfchen am Rande des Schwarzwalds. Er hatte mehrere Söhne, die sich alle für den elterlichen Betrieb interessierten. Mein Großvater, ein junger, unternehmungslustiger Mann, sehnte sich nach Selbständigkeit und ungeteiltem eigenen Besitz. Er trennte sich von zu Hause und fuhr mit Pferd und Wagen durch die Täler des Schwarzwalds. Schon bald fand er das geeignete Städtchen, das unsere Heimat werden sollte. Sein Fleiß wurde mit Glück und Erfolg belohnt. Seine stattliche Fabrik wurde nicht nur äußerlich ein Mittelpunkt des Ortes, sie brachte auch den Bewohnern neue, zeitgemäße Verdienstmöglichkeiten. Besonders die Frauen ließen Küchen und Gärten im Stich, um in den Fabriksälen im Akkord Zigarren zu wickeln. Ein Lufthauch der weiten Welt berührte das Tal, und der Bahnhofsvorsteher betrachtete mit persönlichem Stolz die großen Holzkisten, die bis Breslau und Königsberg reisten – sozusagen fast ans Ende der Welt.

Großvater Krefft war ein hochgeachteter Mann. Am Feierabend saß er selbstbewußt und leutselig in einem der Wirtshäuser, sein Revers zierte die obligate Nelke, vor ihm stand ein Schoppen Wein – vom Besten! Großmutter wurde wegen ihrer Güte und Fröhlichkeit geliebt. »Wer hat, soll geben«, war ihre oft gebrauchte Redewendung, wenn sie sich um die Armen und die Kranken kümmerte.

An milden Sommerabenden saß sie mit ihren Freundinnen im kleinen Holzpavillon des Obstgartens. Die Frauen stickten und beflüsterten die Ereignisse des Dorfes oder sangen, zufrieden mit sich und ihrer kleinen Welt, mehrstimmige Lieder zum samtenen Sternenhimmel hinauf.

Im Schatten der Felswand des Hörnlebergs bauten die Großeltern ihr gelbes Haus. Gemütlich verträumt steht es noch heute dort mit dem roten Spitzdach, den putzig-neugierigen Dachluken, dem umlaufenden Balkon, dessen schmiedeeisernes Gitter trotzig über die Zeiten hinweg das große, stolz-verschlungene FJK trägt. Im verwilderten Garten stehen noch immer die uralten Pappeln, und unverändert plätschert vor dem Haus der eilige Bach dem Städtchen zu.

Drei Kinder kamen unter dem roten Dach zur Welt: der Berthold – mein Vater –, der Alfred und die Viktoria. Der Berthold und die Viktoria entwickelten sich brav und vielversprechend; aber der Alfred!

***

Mit spöttischem Mund und flammenden Blau-Augen wuchs Alfred unaufhaltsam vom störrischen Lamm zum scharzen Schaf der Familie heran. Argwöhnisch beobachteten ihn seine Eltern, und Großvater fing an, besorgt vor sich hinzumurmeln: »Er wird doch nicht aus der Art schlagen?« Vorsorglich steckte man den Gymnasiasten in ein spartanisches Internat, das er aber schon nach kurzer Zeit durch seine nächtliche Flucht in höchste Aufruhr versetzte. Polizei, Lehrer und Schülertrupps suchten ihn tagelang, bis man ihn endlich in der Nähe seines Heimatstädtchens fand. Mit überzeugendem Pathos gelobte er Reue und Besserung und wurde erneut im Internat aufgenommen; von den Erziehern skeptisch umlauert, von den Schülern heimlich gefeiert. Dieses Mal mußte ihn der Bruder Berthold begleiten, als Leibwächter und Garant der Familienehre.

Allen Unkenrufen zum Trotz machte der Alfred ein glänzendes Abitur. Er spielte brillant Klavier und zeichnete so besessen, daß Großvater schon wieder in kopfschüttelndes Grübeln verfiel und brummelte: »Von mir hat er das nicht. Er wird doch wohl nicht ein Künstler werden?« Auch Astrologie betrieb der Alfred, er lugte nachts aus den Dachluken zum Sternenhimmel und verfertigte sehr erfolgreich auf Bestellung Horoskope. Das betrübte wiederum die Großmutter sehr: Das ging gegen die Religion.

Als der Erste Weltkrieg ausbrach, zog Alfred begeistert die stramme Uniform und die spiegelblanken Stiefel an und marschierte, von einem treuen Burschen begleitet, im Dienst des Vaterlands. Über sein Treiben drangen aus der Ferne beängstigende Gerüchte bis ins Schwarzwaldstädtchen, bis an Großvaters feingespitzte Ohren – und als der Krieg zu Ende war, schlug er erleichtert auf den Tisch und fauchte bös: »Gott Lob, jetzt ist es endlich aus mit dem verdammten Lotterleben!«

Keck lächelnd, an Erfahrung reich geworden, kehrte der Alfred heim ins Städtchen und wurde fortan, seines imposanten Benehmens wegen, nur noch der »Herr Alfred« genannt. »Der Krieg hat ihm den Rest gegeben«, stellte Großvater schon bald fest. Der Alfred konnte oder mochte sich nicht mehr einfügen ins dörfliche Alltagsleben. Jeden Tag schlief er bis tief in den Morgen hinein und erschien dann mürrisch im Privatbüro. Dort warf er sich, schon wieder müde, in den Ledersessel und hörte sich gelangweilt die Vorhaltungen seines Vaters an. Für seinen pflichtbewußten Bruder hatte er nur ein nachsichtiges Lächeln übrig. Am Nachmittag allerdings wurde er erschreckend aktiv. Er schloß sich im Fabrikschopf ein, um ungestört an geheimnisvollen Erfindungen arbeiten zu können. Zukunftsmaschinen sollten das werden, die die ganze Zigarrenindustrie grundlegend verändern würden. Unheimliches schwebte über dem Schopf. Vater und Bruder ahnten neue Katastrophen, wenn hie und da ein scharfer Knall bis vorne ins Kontor donnerte. Dann lugten auch die Arbeiter vorsichtig aus den Fenstern, beäugten mißtrauisch den Dampf und Qualm, der über den Fabrikgarten hinwegzog, und flüsterten bedächtig und sorgenvoll: »O je, o je, der Herr Alfred experimentiert wieder!«

Gedankenschwer und rußgeschwärzt sah man ihn gegen Feierabend dem elterlichen Haus zustreben. Wortkarg verschwand er eilends in seiner Dachbehausung. Dort warteten schon Pinsel und Palette, der Nostradamus und der Sternenhimmel.

Eng rückte die Familie zusammen, verfolgte zürnend das befremdliche Benehmen. Man überlegte hin und her, wie man den Alfred doch noch zum braven Bürger machen könnte, und eines abends rief der Opa laut: »Ich hab's! Der Alfred taugt nicht für's Büro, er soll Vertreter werden.«

Und Alfred zeigte sich der Sache nicht abgeneigt. Er ließ sich einen schmucken Anzug bauen, studierte Reisepläne und Hotelregister. Angeregt plauderte er mit Vater und Bruder und nahm wohlerzogen und aufmerksam ihre Ratschläge samt den versteckten Ermahnungen entgegen.

Der Tag der großen Reise kam. Zur Verabschiedung hatten sich im Privatbüro der Großvater, Bruder Berthold, Prokurist Krause und Meister Göbel eingefunden. Alfred erschien fast pünktlich. Mit blitzenden Augen riß er vor Opa die Hacken zusammen, schlug dem Bruder freundlich auf die Schulter, wechselte kernigen Händedruck mit Krause und Göbel. Erleichtert trat Großvater ans Fenster. In einem bellenden Hustenanfall erstickte er aufkeimende Vaterrührung, als der schwierige Sohn unterm Magnolienbaum auftauchte und schneidig zum Fabriktor hinausschritt. »Das Problem wäre gelöst«, sagte er frohgemut zu Berthold und kehrte pfiffig lächelnd zu seinem Schreibtisch zurück.

Schon am nächsten Tag meldete sich Alfred aus einem Erstklasse-Hotel im Rheinland. Schön sei die Reise gewesen, das Essen im Speisewagen super, den Kölner Dom habe er auch besichtigt. Leider sei ihm aber eben aufgefallen, daß der Musterkoffer fehle. Er müsse ihn wohl im Wartesaal des Heimatbahnhofs vergessen haben.

Großvater rang nach Worten und befahl sofortige Rückreise. Anschließend wütete und tobte er im Privatbüro derart, daß Herr Krause, die Schreibfräulein sowie die Lehrlingsmannschaft nebenan erstarrt das Drama mitverfolgen konnten.

Auf Umwegen schlich Berthold zum Bahnhof und schmuggelte den Unglückskoffer im Schutz der Abenddämmerung in die Fabrik zurück. Großvater stellte seine Wirtshausbesuche ein. Zähneknirschend saß er im gelben Haus und glaubte an der Blamage ersticken zu müssen. »Aus«, schrie er, »punktum basta! Der Alfred kriegt jetzt einen Monatswechsel, dann kann er reisen wohin er will – möglichst weit weg, sonst bringt der Kerl mich noch ins Grab!«

Alfred akzeptierte. Er war nun selbst restlos davon überzeugt, daß er nur als Künstler unter Künstlern Verständnis und gebührende Würdigung finden konnte. Zwar lehnte er Großvaters listig vorgeschlagenes Amerika-Billett ab, entschied sich aber immerhin für Berlin, und Opa murrte grämlich: »Na, meinetwegen. Das ist auch weit vom Schuß; da paßt er hin – zu den Berliner Dandy-Affen.« Alfred reiste ab: mit Pinsel und Palette, mit Nostradamus und Musik im Blut.

Zunächst hüllte er sich in Schweigen. Großvater saß abends wieder frohgelaunt im Wirtshaus; aber wenn jemand es wagte, scheinheilig nach dem fernen Sohn zu fragen, bekam er böse Habichtsaugen und wandte dem Lästigen den Rücken zu. Herr Krause wurde zur pünktlichen Geldüberweisung angehalten. »An uns soll's nicht liegen«, sagte der Großvater zu Berthold, »aber ich trau dem Frieden nicht. Da steckt schon längst wieder was Neues im Busch«.

Und damit sollte er recht behalten. Inzwischen hatte Alfred nämlich in Berlin sein Tanztalent entdeckt. Er gründete die Tanzgruppe Fredo und trat beschwingt ins Rampenlicht des Berliner Nachtlebens. Von seinem künstlerischen Wirken schickte er ganze Packen Glitzerphotos und Zeitungsnotizen an die heimatlichen Freunde. Hocherfreut fingen die Leute im Städtchen wieder an zu grinsen und zu flüstern. Es bildeten sich zwei Parteien: die einen rochen Unmoral und Laster, die anderen fühlten Sympathie und Bewunderung: »Ja, ja, der Herr Alfred – er war schon immer was Besonderes!« – Großvater verbat sich noch schärfer jede Rückfrage und tobte im gelben Haus über den »Skandal«.

Es sollte noch schlimmer kommen. Alfred faßte eine Tournee-Reise ins Auge. Einen Galaabend in der heimischen Stadthalle hatte er als Höhepunkt eingeplant. Von chronischem Geldmangel geplagt sah er sich allerdings dazu gezwungen, seinem Vater das kostspielige Unternehmen mitzuteilen. Da schrillte Katastrophenalarm durch die Familie. Großvater und Berthold erblaßten bei dem Gedanken: der Alfred tanzt vor unseren Arbeitern. Die Schande war nicht auszudenken – unfaßlich, skandalös! Es gab nur einen sicheren Ausweg, den Griff zum Portemonnaie! Umgehend erhielt die Tanzgruppe Fredo den Geldbetrag in Höhe der ausverkauften Stadthalle zugestellt, verbunden mit dem drohenden Befehl, der näheren Heimat strikte fernzubleiben. Alfred bezichtigte seinen Vater und Bruder kleinkarierten Denkens, nahm aber großmütig ihr Geld an. Unverdrossen steppte und swingte er weiterhin über das Berliner Parkett, bis ihm irgendwann die Luft ausging und seine Füße lahm wurden. In freundlicherem Ton meldete er sich wieder häufiger zu Hause.

Als Großvater starb, kehrte er abrupt der großen Welt den Rücken. Er kam heim, um sein Erbe anzutreten, und das Erbe fand er ungerecht bemessen. Es begann die Zeit des offenen Bruderzwists. Krefft prozessierte gegen Krefft. Die Anwälte wurden reich, und die Leute hatten wieder etwas zu schwätzen. Alfred wollte nichts mit der Firma zu tun haben und ließ sich auszahlen. Er zog in das gelbe Haus, das nun »die alte Villa« genannt wurde. Auf dem gegenüberliegenden Berg baute mein Vater »die neue Villa«. Zwischen den Häusern liegt ein breites Tal, das für die nötige Distanz sorgte.

Zu meiner Kinderzeit gehörten diese Geschichten längst der Vergangenheit an. Ich wußte wohl, daß es einen Onkel Alfred gab, aber man sprach nicht über ihn, und gerade dieses Schweigen weckte schon früh mein Interesse an seiner Person. Erst als der Onkel schon lange tot war, und seine Frau ihren zweiten Mann in seinem Grab bestatten ließ, räsonierte Vater laut empört durchs Haus: »Das geht nun aber doch zu weit; das schlägt dem Faß den Boden aus! Immerhin war der Alfred mein Bruder und hat Anrecht auf seine Ruhe. Jetzt hat der arme Kerl auch noch den Huber auf der Nase liegen.« Und zu mir sagte er mit erhobenem Finger: »Merk dir das für alle Zeiten: Soweit kann es ein wirres Phantastengehirn bringen.«

Wieder viele Jahre später, als Vater ausführlich von früher zu erzählen begann, wurde der Bruder Alfred fast zu seinem Lieblingsthema. Mit mild amüsiertem Lächeln berichtete er von den Familienkatastrophen, und es war deutlich zu spüren, daß er sich innerlich längst mit dem Bruder ausgesöhnt hatte.

***

Die unbestrittene Zierde des gelben Hauses war Viktoria. Zwar hielt sich ihre Schönheit in Grenzen, doch ihre Intelligenz und Energie wurden allgemein anerkannt und bewundert. Sie lernte schnell und mit einer Begeisterung, daß die Brüder Mühe hatten mit ihr Schritt zu halten. Schon als Kind besaß sie ein unerschütterliches Selbstbewußtsein. Sie steckte sich immer neue Ziele und erreichte sie auch durch zähe Ausdauer. Sie war unmusikalisch, und trotzdem saß sie am Klavier und hämmerte unermüdlich das »Gebet einer Jungfrau«. Sie besuchte das »Institut der Englischen Fräulein« und kam als vielseitig gebildete, kultivierte Dame ins gelbe Haus zurück. Dort hielt es sie nicht lange. Sie zog in die Stadt und bildete sich im sozialen Bereich aus.

Als sie ins heiratsfähige Alter kam, war sie der Ehe nicht abgeneigt. Allerdings, standesgemäß mußte der Partner sein, darin waren sich Eltern und Tochter einig. Im Freundeskreis und in der näheren Umgebung fand sich kein junger Mann, der den Anforderungen genügt hätte. »Alles engstirnige Krauterer«, stellte Großvater fest und rümpfelte die Nase. »Bon«, meinte Bruder Berthold, »dann packen wir das Problem überregional an«.

Kurz darauf erschien in der »Frankfurter Allgemeinen« eine Heiratsannonce, die so trefflich ausgetüftelt war, daß sich – zum größten Vergnügen der Familie – sogar Freiherren und Grafen meldeten. Ein genauer Zeitplan wurde ausgearbeitet, an den sich die Bewerber zu halten hatten. Eltern und Tochter saßen im düsteren Herrenzimmer und nahmen die Besucher kritisch in Augenschein. Eine Auskunftei besorgte die erforderlichen Geheiminformationen, und bei ganz interessanten Anwärtern setzte sich Großvater oder Bruder Berthold in den Zug, um höchstpersönlich in die jeweilige Bilanz Einblick zu nehmen. Gemeinsam entschied man sich zu Gunsten des smarten Onkel Ferdi und seiner Bandfabrik. Im Städtchen wurde eine prächtige Hochzeit gefeiert unter reger Anteilnahme aller Einwohner. Viktorias Kulturbesitz reiste in großen Holzkisten in die ferne Stadt, nur das Klavier blieb einsam zurück. Darauf drosch Alfred jetzt schauerlichste Kompositionen, so daß es Großvater schleunigst entfernen ließ.

In meiner Kindheit waren Tante Viktorias Besuche hochwillkommene und faszinierende Ereignisse: Einmal im Jahr – meist zur Sommerzeit – kündigte sie ihr Eintreffen im Städtchen an. Mutter wurde dann nervös und bekam einen Herzanfall. Vater telefonierte mit Dr. Moser und brummte: »Immer dasselbe Affentheater.«

Ich freute mich schon im voraus auf die bunten Haarschleifen, die mir die Tante aus ihrer Bandfabrik mitbringen würde.

Im besten Gasthof stieg sie ab und »hielt dort Hof«, wie Vater es ausdrückte. Bei uns waren einige Abendessen vorgesehen. Luise putzte die silbernen Bestecke und die Messerbänkchen, Fisch-Schmieder brachte glitschige Forellen, Vater stellte den Wein kalt und sagte: »Gleich kommt die Großfürstin.«

Der große »Horch« fuhr vor, und Tante Viktoria rauschte mit Grandezza die Treppe herauf. Sie stieß spitze Freudenschreie aus und zog den lieben, lieben Bruder Berthold an die Brust. In den Hintergrund abgedrängt stand bescheiden lächelnd Onkel Ferdi, wie ein Christbaum mit Geschenkpaketen behängt. Aus Tante Viktorias Kulleraugen schossen Feuerwerke. Von ihren Lippen perlte fremdklingendes Hochdeutsch. Sie balancierte prächtige Hüte, und ihr köstliches Parfum nebelte durchs ganze Haus. Kein Wunder, daß Mama schon wieder zum Herzen griff. Die Tante schwebte tatsächlich wie eine Großfürstin durch die Zimmer, wandelte Arm in Arm mit ihrem lieben Bruder auf der Terrasse, überschüttete mich mit Küssen und fand alles reizend und wunderbar.

Währenddessen saßen Mutter und Onkel Ferdi steif im Salon. Mutter berichtete von ihrem kranken Herzen und der Onkel leerte mitfühlend Weinglas um Weinglas, bis sein Gesicht blaurot anlief, und er an unpassendsten Stellen in lautes Gelächter ausbrach. Mama, um Worte ringend, verlor den Faden ihrer Krankengeschichte und schaute indigniert zur Zimmerdecke. »Ach, sieh doch, Berthold, mein Lieber«, konnte dann Tante Viktoria rufen, »sieh, doch, wie gut sich die beiden verstehen! Was sind wir doch eine große, glückliche Familie!«

***

Berthold, mein Vater, war der Sportler in der Familie. Er kletterte in den Bergen, beteiligte sich an Radrennen, trieb Leichtathletik und spielte ausgezeichnet Fußball. Nach dem Schulabschluß im spartanischen Internat absolvierte er eine kaufmännische Ausbildung in der Schweiz und arbeitete einige Zeit als Praktikant in Österreich.

Auch er war mit Begeisterung in den 1. Weltkrieg gezogen, und die Photos aus jenen Jahren gehörten zu seinen gehütetsten Schätzen. Als Kind lernte ich noch seinen Burschen, »den Hirt«, kennen.

Häufig richtete Vater unsere Spaziergänge so ein, daß wir an Hirts kleinem Häuschen vorbeikamen. Weil die Sonne schien, saß Herr Hirt auf der Holzbank vor dem Stall und starrte grübelnd auf den Misthaufen. »Na, Hirt, wie geht's, was macht die Gesundheit?«, rief Papa, und Herr Hirt zuckte zusammen, sprang auf, griff an die Mütze und mümmelte: »Ganz gut, ganz gut, Herr Krefft. Ich kann mich nicht beklagen.« Vater fingerte nach dem Zigarrenetui, drückte Herrn Hirt eine »Fehlfarbe« in die Hand und dröhnte: »Mit einer Zigarre geht's noch viel besser, mein Guter!« – »Danke vielmals, Herr Krefft, und einen schönen Tag noch«, antwortete der Bursche von damals. Stramm stand er an der Scheunenwand, und zeigte lächelnd den letztverbliebenen Zahn.

Vater schwenkte wohlgelaunt seinen Spazierstock und bemerkte: »Ein braver Kerl, der Hirt, auch wenn er Kommunist ist.« Herr Hirt war zu jener Zeit der einzige bekannte Kommunist im Städtchen, und deshalb bestaunte ich ihn jedesmal wie einen Exoten.

***

Ich sitze im Salon meiner Mutter, auf einem der unbequemen, weißen Sesselchen und habe heute noch das ungute Gefühl, daß ich Verbotenes benütze, und Gästen, die nicht kommen werden, den Platz wegnehme. Die Photos zogen mich in diesen Raum: Die ganze Ahnengalerie ist da an der Wand zu sehen: Von einer Seite lächeln selbstbewußt die Kreffts, gegenüber drängt sich Mamas Familie, die Gregors.

Vor mir das Hochzeitsbild meiner Eltern. Die Verwandtschaft blickt mich an, scheint mir aus dem dunklen Rahmen entgegenzutreten; sogar die Stimmen glaube ich zu hören. Eng aneinandergeschmiegt sitzt das Brautpaar auf einer weißen Gartenbank. Mutter blickt aus erstaunten Kinderaugen; Vater neigt sich ihr Schutz anbietend zu. Rechts Großvater Krefft, schlau blinzelnd, mit dicker, goldener Uhrkette geschmückt. An den Fingern glitzern Siegel- und Brillantring. Daneben Oma Krefft in Taft und Seide. Ein schmales Lächeln liegt um ihren Mund, doch ihre Augen scheinen ernst umschattet, als sehe sie an diesem Sonnentag schon schwarze Wolken in der Ferne aufziehen. Links von der Braut, behäbig und ein wenig streng Großmutter Gregor. An ihrer Seite, dunkelhaarig und apart Karla, die älteste der Töchter. Und dann Großvater Gregor mit dem Knebelbart: Der Patriarch, das große Vorbild der Familie! Ein Bauernsohn, der sich durch Fleiß zum reichen Fabrikanten machte. Seine fünf Kinder wurden von Gouvernanten erzogen und besuchten englische und französische Institute. Großvater Gregors Autorität war so beherrschend, daß zumindest die Töchter nur Gehorsam kannten und erst in ihrem späteren Leben, nach vielen schmerzlichen Erfahrungen, zu einem eigenen Willen fanden. Nach den Studienreisen saßen sie folgsam zu Hause, pflegten die schönen Künste und träumten von Märchenprinzen, die um sie anhalten würden. Großvater Gregor ließ indessen seine Vertreter im Land Umschau halten, orderte die geeignetsten Ehekandidaten vor seinen Schreibtisch und brachte so die gutwilligen Töchter rasch unter die Haube.

Hinter Großvater Gregor steht Julius, der einzige Sohn, der Erbe, der vergötterte Bruder. Mit herrischer Miene trägt er das eiserne Kreuz auf der Brust. Ein begehrter, umschwärmter Junggeselle, der damals mit den ausgefallensten Autos durch die Täler brauste. An seiner Seite, sanft und scheu, die jüngste Schwester Valerie. Neben ihr lugt spöttisch Reinhard in die Linse. Er war das erste Kandidatenopfer; der Mann von Tante Karla. Mit ihm verstand sich Vater bestens, und oft erzählte er Ergötzliches von den gemeinsam verbrachten, launigen Herrenpartien: ». . . als Reinhard das Gebiß in die Mülltonne spuckte . . . als sein kostbarer Ehering in die Toilette fiel . . .«

Tante Viktoria präsentiert sich in großer Theaterpose, mit kühler Überlegenheit; daneben smart und elegant Ferdi, der Schleifenfabrikant.

Meta, die fröhlichste der Gregor-Schwestern, hat sich an Alfred rangewagt. Verbissen schaut der in die Kamera. Er leidet sichtlich unter diesem bürgerlichen Fest.

Ich lasse die Photos in ihrer Einsamkeit zurück, denn

draußen lockt der Frühling und erinnert mich an den Frühling meiner Kinderzeit.

***

Mit der neuerwachten Natur vergaßen auch die Menschen ihre Wintermüdigkeit. Die Bauern stapften über Wiesen und Felder, die Frauen wühlten in Gemüse- und Blumengärten. Gefährlich schwollen die Bäche an und wälzten das letzte Schneewasser aus dem Tal. An ihren Ufern wuchsen über Nacht ganze Kolonien gelber Schlüsselblumen. Uns Kindern schenkte jeder Frühlingstag neue Entdeckungen und Abenteuer. Rastlos sehe ich mich laufen, rennen, um nur nichts zu versäumen. Ich sehe mich auf der Schaukel sitzen, zu gewaltigen Schwüngen ausholen, rasch, rasch hinauffliegen in die Blätter des Kirschbaumes, die Augen schließen und den Jubel empfinden – ich fliege, fliege mitten in den Himmel hinein!

Zu Hause inszenierten die Eltern alljährlich ihren Frühlingszwist. Vater liebte die makellosen Rasenflächen, Mutters Herz hing an Blumen. Heimlich ließ sie Krokuszwiebeln in die Wiese pflanzen, und an irgendeinem Frühlingsmorgen leuchteten die bunten Knospen aus dem Grün. Mit den Jahren lauerte der Vater schon auf diese Stunde. Ich höre heute noch die Türen knallen, Papas zorniges Stampfen auf der Treppe, den dumpfen Ton der schlagenden Haustür. Kurz darauf hastete Chauffeur Speck durch das Gartentor, karrte eilends die Mähmaschine auf den Rasen, mit der er, schnurgerade Bahnen ziehend, alles kahl schor: Mamas Märchenwiese verschwand, die alte grüne Ordnung war wieder hergestellt. Mutter ging mit anklagendem Gesicht durchs Haus, schimpfte mit Luise in der Küche, und draußen in der Frühlingssonne hockte Herr Speck und wartete vergeblich auf ein Vesper. Mit grimmigem Gebrummel warf er die aufgeklaubten Blütenblätter in die Abfallgrube.

***

Das Leben auf dem Land wurde von den Jahreszeiten und den kirchlichen Festen geprägt. So gehörte zum Frühlingsanfang der schauerlich-schöne Karfreitag. Die Kirchenglocken verstummten, selbst das helle Glöckchen bei der Wandlung mußte schweigen. Die Zeit der großen Trauer war angebrochen. In der Kirche wurde Jesus mit dunklen Tüchern verhängt, und das kahle Kreuz blickte düster auf die Schar der Betenden. Die Andacht begann schon früh am Morgen. Mit erwartungsvoller Neugier rutschte ich in die Kirchenbank und fühlte genüßlich den Schauder dieser Stunde über meinen Rücken kriechen. Hochwurden stand schmerzgebeugt am Altar, und die wehumflorten Stimmen des Kirchenchors berichteten klagend vom Leiden unseres Herrn. Herausragende Höhepunkte waren, wenn Maler Paul sein gewaltiges Solo durch die Kirche donnerte, daß die Andächtigen tief beeindruckt die Köpfe einzogen; oder aber, wenn sich Annas schluchzende Zitterstimme erhob, spitz gegen Kirchenfenster anklirrte und sich in gröbste Bauernherzen sägte.

Am Karfreitag gingen die Leute gern in die Kirche, nicht zuletzt deshalb weil die Predigt ausfiel. Die frohen Flüsterseelen mochten die strengen Worte des Hochwürden nicht. »Er war halt mal im Kloster«, wurde zwar entschuldigend erklärt, aber deshalb ließ man sich noch lange nicht von ihm das Leben vermiesen.

Klösterliche Ordnung herrschte auch in unserer Kirche. Da saßen exakt nach Altersjahren aufgereiht zur

Rechten des Altars die Buben und die Männer; gegenüber, durch den Gang getrennt, die Mädchen und die Jungfrauen. Hinter den Knaben hatte der Kirchendiener seinen Platz. Zu meiner Kinderzeit trug er noch einen langen roten Rock, einen roten Hut und in der Hand den gefürchteten Silberstab mit rundem Knauf. Erspähte er ein unandächtiges Kind, so schritt er bis zu dessen Bank und gab ihm mit dem Silberknauf eine dumpf bummernde Kopfnuß. Waren es mehrere Bösewichter, hämmerte die Bestrafung wie eine Gewehrsalve durch die Kirche. Die Gläubigen unterbrachen ihre Gebete, und die Eltern der Gezüchtigten wurden mit schadenfrohem Grinsen bedacht.

Den Mitteltrakt der Kirche teilte sich die gewaltige Schar der Mütter und der Großmütter. Sie führten erbitterte Kämpfe um ihre angestammten Plätze. Hier fand auch der Weihrauchduft kein Durchkommen mehr; hier roch es nach Sauerkraut, nach Gulasch und nach Braten.

Unter der Orgel, an der großen Kirchentür, drängte sich in engem Geschiebe der Männer-Stehkonvent. Sobald der Pfarrer die Kanzel bestieg, verließen die Herren mit unbotmäßigem Gescharr die Kirche, trieben draußen auf dem Kirchplaz wichtige Lokalpolitik und kamen ebenso lautstark zurück, wenn die Predigt zu Ende war. Der Herr Pfarrer sprach zwar von Gottes Zorn für solches Benehmen, doch konnten das die Übeltäter vor der Tür nicht hören. Nur die Frauen senkten schuldbewußt die Köpfe und schickten für die Angetrauten leise Bittgebete zum Himmel.

»Er ist an allem selber schuld«, hörte man im Städtchen flüstern, »er redet immer nur von Sünde, vom Fegfeuer und von Höllenqualen«. Das war wohl auch der Grund, warum mein Vater nicht gern zur Kirche ging.

Nur am Osterfest begleitete er uns, weil da, wie er sagte »... sogar der Räuber aus dem Wald das Gotteshaus aufsucht!«

Ostern feierten wir immer auf die gleiche Weise. Man zog bunt-frohe Kleider an, und freute sich zusammen mit dem Pfarrer, daß Jesus auferstanden war. Auf dem Frühstückstisch standen die weißgezuckerten Biskuitlämmchen. Papierfähnchen mit christlichen Symbolen bemalt steckten auf ihren Rücken. Ich wurde in den Garten geführt und durfte Eier suchen. Vater stand auf der Terrasse und schaute zu. Mutter spazierte die Gartenwege entlang und verstaute die gefundenen Geschenke in einem Korb. Mittags kam ein junges Zicklein auf den Tisch, dessen wabbeliges Fleisch ich heftig verabscheute. Ich hielt mich für den Rest des Tages an die harten Ostereier, und abends lag ich mit Bauchweh im Bett, und Mutter brachte Kamillentee.

Wir Kinder spielten von morgens bis abends draußen. Da wurden Reifen geschlagen, Peitschen knallten beim Tanzknopfspiel, Gummiringe und Bälle flogen durch die Luft. Wir standen barfuß in den Bächlein, bauten Staudämme aus Schlamm oder sausten auf scheppernden Holzrollern und Leiterwagen den Berg hinunter. Wie junge Hunde hechelten wir bergan über Wiesen und Felder, umweht vom Blütenschnee der Obstbäume, tobten hinein in den schattigen, kühlen Wald. Wir suchten Waldmeister für die Maibowle, für die getrockneten Duftsträußchen, die die Mütter zwischen die Wäsche legten. Wir trabten den steilen Waldpfad hinauf, steckten Blumen an die kleinen Gitterfenster der Kreuzwegstationen, erreichten endlich den »heiligen Brunnen«, den geheimnisvollen Ort, den wir Kinder über alles liebten. Da stand in tiefstem Tannendunkel die kleine

Kapelle und erinnerte an den frommen Einsiedler, der hier von Räubern erschlagen worden war, zu einer Zeit, als der Wald noch Urwald hieß. Wir schlüpften durch die knarrende Tür, knicksten kurz vor dem Gnadenbild und hingen dann, obwohl es verboten war am Glockenseil. Schrill gellte das Glöckchen, sprang polternd und rumpelnd im Turm auf und nieder, daß das Gebälk aufstöhnte und wir eiligst die Flucht ergriffen. Wir beugten uns über den heiligen Brunnen und tranken aus dem eisernen Kesselchen das wundertätige Quellwasser. Es gab da kunstvoll geschnitzte Wasserräder und Hammerwerke, die von den Quellen angetrieben munteres Klappern, Klopfen und Hämmern durch den Wald schickten. Wir kletterten hinauf zur Wundergrotte, aus der eine Marienstatue lächelte, und steckten kleine Holzkreuzchen ins Moos, im Glauben, daß uns dann im nächsten Jahr ein Geschwisterchen geschenkt würde.

Hochbetrieb herrschte nun auch in Haus und Garten. Aus der Fabrik kamen die hagere, schweigsame Frau Brugger und die lachende, runde Frau Seiboldt. Die beiden gruben, hackten und säten im Gemüsegarten. Herr Speck rumorte in der Garage, beschnitt Hecken und Bäume, schor schon wieder die Rasenflächen. Zur Vesperzeit saßen die drei auf dem Steinmäuerchen, tranken Most zum Butterbrot und blinzelten müd in die Sonne. Im Haus wurden Fenster und Türen geöffnet, und Luise schleppte das Bettzeug auf die Veranden. Man konnte deutlich sehen, wie sich die Kissen und Plumeaus in der Sonnenwärme aufblähten.

Vater spazierte abends in den »Grünen Baum« zu seinem Freund Fabian. Manchmal durfte ich ihn begleiten. Wir gingen durch die dunkle Wirtsstube in die Küche, begrüßten den Fäbi, der am großen Holzherd hantierte, und traten dann hinaus in den kleinen Wirtsgarten, in dem eine riesige Linde stand. Unter ihrem grünen Dach warteten schon Vaters Freunde. Sie lachten und lärmten, und unter ihren Nasen sprossen weiße Bierschaumbärtchen. Wenn der Mond aufging, ergriff alle die Sangeslust. Vielstimmig klangen alte Volkslieder in die Frühlingsnacht, und im kleinen Krankenhaus gegenüber öffneten sich die Fenster, und blasse Männer- und Frauengesichter spähten sehnsüchtig herüber zum »Grünen Baum«.

***

Im Mai hastete unser Hochwürden noch eiliger zwischen Kirchentüre und Pfarrhaus über die Straße. Abends riefen eindringlich die Glocken zu den Maiandachten. Verschwitzte Kinderhorden scharten sich sonnentrunken um den Marienaltar. Dahinter schob sich müd und schwerfällig die getreue Beterschar der Frauen in die krachenden Kirchenbänke. Die meisten trugen noch Tracht und hatten schwarze Kopftücher umgebunden. Ihre rauhen, gefalteten Hände lagen wie dargebotene Opfergaben zum Altar gerichtet. Das eintönige Gemurmel wiegte mich in wohlige Wachträume und ließ mich als Kind das glückliche Gefühl der Geborgenheit empfinden, das der engen, kleinstädtischen Gemeinschaft entströmt. Heute noch sehe ich die lächelnde Maria im hellblauen Gewand vor mir, liebevoll geschmückt mit leuchtend bunten Blumen, umspielt vom goldenen Licht der Abendsonne, das durch die Kirchenfenster brach.

Zum Mai gehörten auch die Bittprozessionen. Frühmorgens um 6 Uhr wartete Hochwürden im Kreis der

Meßbuben auf seine Gemeinde. Wachgeblasen von der Musikkapelle, zogen die Bewohner des Städtchens, Fahnengeflatter voran, wie ein langer, schwarzer Regenwurm aus dem Städtchen, hinaus auf die Felder. Betend und singend bestürmten sie den Himmel um gute Ernte. Begeistert hüpften wir Kinder durch das taunasse Gras, sammelten die Schneckenhäuser von den Halmen, und warfen mit den heimtückischen Geschossen nach den Köpfen der Bittenden. Zornige Unruhe breitete sich aus, und der aufgebrachte Kirchendiener umkreiste argwöhnisch wie ein Schäferhund seine fromme Herde.

Bald schon wurden die Tage so heiß, daß sich alle freuten, wenn schwere, schwarze Wolken über den Berghöhen erschienen und sich drohend über dem Tal zusammenzogen. Blitze zuckten, Donner grollte, für eine Sekunde hielt der Wind den Atem an, und dann prasselten die Regenschauer auf das Dach, und köstliche Frische zog durchs Haus. »Mairegen bringt Segen«, sang Luise in der Küche, und ich bin über die ächzende Holztreppe in den dritten Stock gelaufen, um dem Gewitter näher zu sein.

***

Dort oben erwartete mich ein Paradies mit geheimnisvoll eingestaubten Winkeln. An den Wäscheleinen des unteren Speichers baumelten die duftenden Säckchen mit Dörrobst, daneben hingen prall gefüllt die Erbsen- und Bohnensäcke, die sich so trefflich zum Boxen eigneten. In den Ecken standen ausrangierte Schränke, vollgestopft mit alten Büchern, von brüchigen Teppichen verhangen. Besonders Mutters Heiligenlegenden ließ Vater gerne hier oben verschwinden. Von mir wurden sie wieder ans Tageslicht gezerrt, und auf den wackligen Holzstuhl gekauert, betrachtete ich mit Wonne die bunten Bilder aus fremder Wunderwelt.

Es gab auch noch einen oberen Speicher, den man über steile Stufen erklimmen konnte. In dieser Höhe schienen die Wolken dicht über der Dachluke zu hängen, und ich nahm mir vor, sie von hier aus eines Tages zu besteigen und im Windgebraus davonzureiten. Mein einsames Versteck teilte ich mit großen, schwarzen Fliegen, die träge an der kleinen Fensterscheibe auf- und abkrabbelten; Fliegengreise, die die Jahre zu überdauern schienen. Hier, in Himmelsnähe, stand auch die Weihnachtskiste, angefüllt mit dem bunten Christbaumschmuck und der Weihnachtskrippe. Ich fand Schafherden und Hirten, den Ochs und den Esel, den prächtigen Mohrenkönig und die heilige Familie, alles fein säuberlich in Watte gepackt. Hier konnte mich niemand daran hindern, diese Schätze zur Unzeit zu enthüllen, um mit ihnen die Bilder aus Mutters Heiligengeschichten nachzubauen.

Im tiefsten Dunkel verstaut lagen die alten Rodelschlitten mit hochgeschwungenen Eisenkufen, mit eisernen Rücken- und Armlehnen. Auf ihnen saß ich als Kleinkind, wie ein Fürst thronend, und wurde durch den Schnee gezogen. Ich bestieg das verrostete Fahrrad mit den platten Reifen und machte vorsichtig erste Fahrversuche, eine Hand am Lenker, die andere am Dachbalken.

Nach dem Speicherabenteuer besuchte ich die Zimmer des 3. Stocks. Ins altertümliche Fremdenschlafzimmer warf ich meist nur einen kurzen Blick. Mit Abscheu äugte ich auf die schweren Bettdecken, von denen ich wußte, daß sie mit Schafwolle gefüllt waren. Ich sah Fäuste mit blitzenden Scheren, mußte an frierende, nackte Lämmer denken, hörte angstvolles Mähgeschrei aus den Pfühlen wimmern. Da versöhnten auch nicht die komisch stelzbeinigen Nachtkonsolen, hinter deren Türchen sich auf Pappunterlagen blaugeränderte Nachttöpfe verbargen, die einen betäubenden Pfefferminzgeruch ausdampften.

Gegenüber lag das Zimmerchen von Luise. Winzig klein, mit schiefen Wänden. Ich kletterte auf das knarrende Korbsofa und schaute aus dem Fenster direkt in den Wald oder hinunter in den Gemüsegarten. Über dem Bett hing ein großes Kreuz, und der Herr Jesus schaute so furchterregend aufs Kopfkissen, als wolle er die brave Luise stets zu treuer Diensterfüllung ermahnen.

Ich huschte durch das altmodische Badezimmer in den Koffer- und Abstellraum. Die Koffer waren übersät von bunten Klebeetiketten, die ich neugierig studierte wie ein Bilderbuch. Ich brachte die runden Hutkoffer in Bewegung, ließ sie mit Schwung bis ins Badezimmer, vor die Dackelfüße der Eisenwanne hüpfen. Traurig verstaubt lehnte Vaters Gitarre an der Wand. Meine zögernden Zupfversuche konnten ihr höchstens wimmerndes Tongeschwinge entlocken.

Im Bügel-, Näh- und Spielzimmer erwartete mich mein großer Kaufladen. Die Schubfächer waren vollgefüllt mit Nahrungsmitteln aus der Küche. Auf der ausschiebbaren Verkaufstheke stand die kleine Waage mit den Gewichtsteinen, die klingelnde Ladenkasse, wohlbestückt mit Papier- und Münzgeld; bündelweise hingen die bunten Papiertüten am Haken und warteten auf Käufer.

Gegenüber stand das Puppenbett mit den fünf Käthe-Kruse-Puppen, und daneben im kleinen Korbsessel saß die große Antonie: Mutters Puppe, mit langen Zöpfen aus echtem Haar und mit klappenden nackten Augenlidern, die ich aus unerklärlichem Grund ihrer Wimpern beraubt hatte: Antonie mit den knirschenden Kugelgelenken an Armen und Beinen, an denen ich schaurigste Verrenkungen ausprobierte.

Unter dem Puppenbett lag stets gepackt der Koffer mit den Puppenkleidern, um jederzeit in ein anderes Zimmer umziehen zu können. Bewacht wurde alles von Bello, dem großen Bernhardiner auf vier Rädern. Ich schwang mich mit Geheul auf seinen Rücken und rasselte den Gang entlang bis vor die Speichertür.

***

Im Vielzweckraum gab es auch einen langen Bügeltisch, unter dem die hochgefüllten Wäschekörbe standen. Aus ihnen stieg intensiver Kernseifengeruch. Am Fenster stand die alte Singer-Nähmaschine. Einmal im Monat kam die Weißzeugnäherin, Frau Weldin, ins Haus. Eine kleine, runde, selbstzufriedene Frau. Sie saß in Wolken von Bettzeug vergraben vor der Nähmaschine, und unentwegt hielten ihre Füße das Schwungrad in Bewegung. Die Nadel jagte die Säume entlang, die Fadenrolle hopste, und Frau Weldins Brille hing vorn auf der Nasenspitze. Sie hatte ein besonderes Privileg in unserem Haus, die Frau Weldin: Sie saß mit uns beim Mittagessen zu Tisch, und Vaters Begrüßungsfrage war immer dieselbe: »Na, Frau Weldin, was gibt es Neues im Städtchen?«, und dann brachte er die fromme Frau in arge Verlegenheit, wenn er von einer neuen Absonderlichkeit des gestrengen Herrn Hochwürden berichtete.

Monatlich einmal war auch der große Waschtag eingeplant. Mit aufgekrempelten Ärmeln stapfte Luise dann in die Waschküche und sortierte gleichartige Wäschegebirge, die sie im Einweichwasser versenkte. Pünktlich um 7 Uhr früh schnappte das Gartentörchen hinter Frau Seiboldt und Frau Brugger ins Schloß. Die beiden verschwanden eilends im Keller. Dort warteten schon Mutter und Luise, um das Arbeitsprogramm festzulegen. Das geschah oft mit so großem Stimmaufwand, daß Vater im 1. Stock am Badezimmerfenster erschien und donnernd »Ruhe« in den Garten bellte. Luise trottete dann brummelnd in die Küche zurück, um das Frühstück für den Herrn vorzubereiten und Mutter las beleidigt die Tageszeitung. Inzwischen hatten sich die Frauen in der Waschküche Holzpantinen angezogen, und »klapp, klapp« schallte es bis hinauf ins Haus. Im Waschkessel brannte ein Höllenfeuer. Der große Deckel wurde immer wieder angehoben, denn man wartete ungeduldig auf das Kochen der Seifenlauge. War es dann endlich soweit, bewaffneten sich die Frauen mit langen Holzlöffeln und stocherten wie Ruderknechte in der brodelnden Wäsche. Die Waschküche glich jetzt einem Nebelmeer. Dicke weiße Schwaden wälzten sich aus der geöffneten Tür und sanken schwer ins Grün des Rasens. Nach der Stocherei wurde die Wäsche mit den Riesenlöffeln aus dem Kessel geangelt und flog in hohem Bogen in eine Zinkwanne.

Frau Seiboldt und Frau Brugger schnappten an der Waschküchentür nach Luft und schlürften neue Arbeitsfreude aus den Mostkrügen. Sie klemmten sich die Waschbretter vor die Brust, um nochmals Wäschestück für Wäschestück erbittert durchzurubbeln. Anschließend wurden die Sauberberge gespült, ausgewrungen und in Körbe geworfen.

Keuchend erschienen die beiden dann am Tageslicht. Frau Seiboldt mit breitem Lächeln, den Korb sicher auf das stattliche Bäuchlein aufgestützt, die dünne Frau Brugger mit düsterer Miene, von ihrer Last zum wandelnden Dreieck verzerrt. Bald glich der Wäscheplatz einem großen Boot mit vielen weißen Segeln, in denen der Wind sein mutwilliges Spiel trieb.

***

Es gab auch Tage, da wußte ich als Kind nichts Rechtes mit mir anzufangen. Dann verkroch ich mich hinter den Besenschrank und lauschte den Gesprächen in der Küche. So erfuhr ich auch, daß mein Spielfreund Willi »etwas mit den Lungen habe«. Das schien eine schwere Krankheit zu sein, denn Mutter seufzte brunnentief: »Das arme, arme Kind.« Jetzt war mit plötzlich klar, warum der Willi nicht mehr rennen wollte. Rund und dick wie ein Kartoffelkloß lag er in der Hängematte, die nur im Schatten baumeln durfte, wie er uns wichtigtuerisch erklärte. Den ganzen Frühling schon wippte Willi sachte hin und her, und wir Freunde saßen im Halbkreis auf der feuchten Wiese und unterhielten den schwebenden Kameraden. Ich behielt mein Geheimnis für mich, wachte jetzt aber noch treuer an seiner Seite. Nachdenklich starrte ich durch die Maschen des Netzes auf Willis pralles Hinterteil, und dabei fielen mir meine jährlichen Wurmkuren ein, die das ganze Haus in Aufregung versetzten. Könnte es sein, daß lange, braune Würmer an Willis Lungen nagten? Bei mir saßen sie im Bauch, ihm kroch das Getier durch die Brust. Ich fühlte mich dem

Armen noch enger verbunden. Willis Mutter sah aus wie ein strammes Ackerpferd und war immer mit dem Fahrrad unterwegs. »Auf Arbeit«, wieherte sie den Leuten zu und trat keuchend in die Pedale. Willis Vater weilte irgendwo in der Fremde. Von ihm wurde selten gesprochen.

***

Mutter hatte plötzlich etwas gegen meine Kinderhorden einzuwenden. Ein neues Wort geisterte durch unser Haus: Gouvernante! »Das Kind braucht eine Gouvernante«, sagte Mama. Vater zog die Augenbrauen zusammen und sprach von »unsinnigen Gregor-Allüren«. In der kommenden Zeit las Mutter eifrig in der Frankfurter Zeitung und erzählte mir bald von einem lieben Fräulein, das schon bei Grafenkindern gewesen war und demnächst immer mit mir spielen würde. Das hörte sich verlockend an, und ich wartete gespannt auf den Besuch.

Das Fräulein kam und glich einem Schloßgespenst. Trist hing das graue Kleid um kantige Knochen, die weißen Kragenecken wurden immer von derselben strengen Brosche durchbohrt, der saure Mund verzog sich nie zu einem Lächeln. Am Hinterkopf klebte ein winzig kleiner Dutt, in dem spitze Haarnadeln staken. Wenn ich mit Fräulein Buck spazierenging, schämte ich mich zu Tode, denn die anderen Kinder feixten hinter uns her und riefen: »Die Annabelle, die kleine, jetzt liegt sie an der Leine!« Nachmittags las mir das Fräulein aus ihren Büchern vor. Alles war edel: die Könige waren edel, die Bauern, die Kinder und sogar die Tiere. Ich konnte das Wort nicht mehr hören und hatte nur noch das Bedürfnis: »unedel« zu sein. Ich gähnte laut, mit weit aufgerissenem Mund, verschlang schmatzend die Früchte vom Obstteller und baumelte bei den Lesestunden so heftig mit den Füßen, daß die Hausschuhe durch die Luft flogen und möglichst auf dem Tisch landeten. Ich nahm eine Stricknadel und ritzte tiefe Muster in die schönen Fensterbänke des Bauernstübchens; ich war von meinem Unedelsein wie berauscht und dachte mir täglich neue Schandtaten aus. Im Garten stürzte ich mich auf Mutters geliebte Pfingstrosen, riß ihnen die Knospen ab und warf die bunten Bälle wollüstig auf die Gartenwege.

Fräulein Bucks Gesicht wurde immer spitzer, Mutter weinte, und Vater grollte Unverständliches. Wenn das Fräulein bei Tisch erschien, sprach Papa kein Wort. Böse starrte er auf unsere Teller, daß jeder Bissen im Halse steckenblieb.

Doch schon bald nahte der erlösende Tag. Mutter fand im Schrank der Gouvernante leergenaschte Marmeladengläser, deren Inhalt nur für höchste Feiertage bestimmt war. Schnell und lautlos verließ das Fräulein das Haus. Mutter hüllte sich in Schweigen, und Vater hob mich lachend auf seine Knie und rief: »Ich hab' doch gleich gewußt, daß das Grafenwunder eine Spinatwachtel war!«

»Ein Segen, daß die fremde Person weg ist«, brummelte Luise in der Küche, und wir dachten alle das Gleiche. Mutter las keine Frankfurter Zeitung mehr, Vater lobte und nörgelte wieder ungehindert am Eßtisch, und ich verlor die Begeisterung am unedlen Treiben.

Mutters Liebe konzentrierte sich noch mehr auf mich. Je älter ich wurde, um so stärker bedrückte und beengte mich die übergroße Fürsorge. Auf Schleichwegen suchte ich ihr zu entrinnen und hatte dabei immer ein schlechtes Gewissen. Schon früh erkannte ich die unterschiedlichen Wesenszüge der Eltern, liebte beide in ihrer Art, stand oft hilflos zwischen ihnen, wollte keinem wehtun, übte mich im Zuhören und lernte ausweichend zu antworten.

Vater war aufgeschlossen und beweglich. Seine weitgefächerten Interessen füllten ihn restlos aus. Familienproblemen ging er aus dem Weg; er wischte sie sozusagen mit einer unwilligen Handbewegung vom Tisch. »Laßt mich in Ruhe«, sagte er, »ich habe Wichtigeres im Kopf!«

Mutter hingegen ging ganz in der Familie auf. Sie legte keinen Wert auf Freunde und Bekannte, sie hatte ja das Kind und ihre Geschwister, die verstreut in den benachbarten Tälern wohnten. »Das Kind ist mein alles«, konnte sie sagen, und ahnte nicht, wie sehr sie mich damit belastete. Dabei vergesse ich nicht, daß meine frühesten und schönsten Kindheitserinnerungen nur mit der Mutter verbunden waren. Die Spaziergänge an ihrer Hand durch den Zauber von Frühling, Sommer und Herbst; die Schlittenfahrten im Winter durch weißes Glänzen und Glitzern mit Mama. Die Abendstunden, wenn sie an meinem Bett saß, wenn wir gemeinsam in letzte Sonnenstrahlen oder graue Regenfäden blickten, wenn Mutter meine Hand hielt und mit leiser Stimme sang: »Weißt du, wieviel Sternlein stehen«, oder »Guter Mond, du gehst so stille« – dann fühlte ich mich so unendlich glücklich und geborgen, daß ich es noch heute nachempfinden kann, und daß es diese Minuten allein schon wert waren, gelebt zu haben.

Ängstlich und forschend suchte mich Mama ständig nach Krankheiten ab. Im Frühjahr entdeckte sie schwarze Ringe um meine Augen; dann war ich blutarm, und auch die Wurmkur wurde fällig. Zur Obsternte lieferte ich prompt die Durchfälle und im Winter litt ich an Dauererkältungen. Mutter packte mir heiße Fett- und Kartoffelwickel auf die Brust, las mir stundenlang vor, und Luise kochte meine Leibgerichte. Der Kochtopf mit dem dampfenden Kamillensud wurde ins Zimmer geschleppt, wir setzten uns davor, und Luise warf zwei dicke Badetücher über unsere Köpfe. Mutter rührte mit dem Holzlöffel in der Brühe und ich mußte »tief, tief einatmen«. Schweißbäche rannen mir in den Mund und schmeckten salzig. Bei diesen Sitzungen plagten mich immer Angstvisionen: Wenn Mama jetzt einen Herzanfall bekäme, ihr Kopf in das siedende Wasser fiele, würde sie alle Haare verlieren, wie die toten Hühner ihre Federn beim Abbrühen?

Mutters Herzanfälle kamen mit fast regelmäßiger Pünktlichkeit. Sie griff sich mit der Hand an die Brust, verzerrte schmerzvoll das Gesicht und stürzte uns jedesmal in grenzenlose Verwirrung und Angst. Vaters Schulfreund, Dr. Moser, hastete durchs Treppenhaus. In seiner schwarzen Tasche lag die wichtige Spritze verborgen. Vater ging unruhig vor dem Schlafzimmer auf und ab. Ich kauerte in seiner Nähe und bestand nur noch aus Angst. Angst, daß die Mutter sterben könne, daß sie die Augen schließe für immer, uns verlasse, wie sie es so oft schon angekündigt hatte. Die Angst kroch in mich hinein, wie ein gräßliches Ungeheuer. Sie schnürte mir die Kehle zusammen, würgte mich bis zum Erbrechen.

Kam endlich Dr. Moser aus dem Krankenzimmer, so lächelte er meist, legte Vater den Arm um die Schulter und sagte: »Es ist gleich vorbei, Berthold; es geht ihr besser.«

In meinen Augen wuchs dann der Herr Doktor zum Halbgott, zum Retter aus größter Not. »Er ist nicht nur gescheit, er ist auch noch schön«, stellte ich laut und deutlich fest, »und ich sehe ihm ähnlich«, fügte ich mit Überzeugung bei, was mir unverständliches Gelächter eintrug. Ich war geblendet vom Pomadenglanz seiner schwarzen Haare, haschte nach Blicken aus seinen dunklen Samtaugen und lauschte gebannt seiner wohlgesetzten, vornehm näselnden Sprache.

Nach den Herzanfällen mußte sich Mutter schonen. Vater stellte für einige Tage seine Nörgeleien ein, ich streichelte Mamas Hände und hatte es noch eiliger, der Stille des Hauses zu entwischen. Doch bald fielen wir wieder in unsere Gewohnheiten zurück. Mutter eilte ruhelos durch die Zimmer und den Garten. Sie war immer mit unaufschiebaren Dingen beschäftigt, trug einen gehetzten Ausdruck im Gesicht, der die anderen schuldbewußt werden ließ. »Wenn ich nicht wäre, wenn ich nicht sorgte, wenn ich mein Geld nicht hätte . . . «, hieß es immer. Vielleicht fühlte sie sich von Vaters beherrschender Persönlichkeit in den Hintergrund gedrängt, sah keine andere Möglichkeit der Auflehnung, als eben den eigenen Wert zu betonen.

Aus meiner Kinderzeit sind mir nur zwei Nachmittage in Erinnerung geblieben, die Mutter in gelöster Ruhe und selbstvergessener Entspannung verbracht hatte. Einmal lag sie im Badeanzug in der Sonne auf dem handgeflochtenen, bockigen, grünen Korbliegestuhl. Ich hockte im Schatten der Büsche und beobachtete sie, verunsichert durch ihr außergewöhnliches Benehmen. Die sparsame Bekleidung war mir ganz fremd, und ich fand sie abscheulich, nicht mutterwürdig. Mit gemischten Gefühlen betrachtete ich diese bloßgelegte Frau, die hinter den geschlossenen Lidern in eine mir unbekannte Ferne zu entgleiten schien. An wen oder was mochte sie nur denken? Oder könnte es sein, daß sie mit ihrer Seele beschäftigt war, die irgendwo im Innern stecken sollte? Vielleicht sogar erschien das unfaßbare Seelending auf ihren lächelnden Lippen, würde sich mir zeigen, und ich bräuchte nie mehr darüber nachzurätseln?

An einem anderen Nachmittag nahm mich Mutter bei der Hand, ließ das Haus und Luise im Stich, und wir stiegen bei brütender Sommerhitze hinauf zum Waldrand. Mama legte sich in die Hängematte, ich saß an einer Quelle und spielte. Um uns herum Vogelgezwitscher, flutendes Sonnenlicht, unterbrochen von riesigen Tannen, deren Schatten schwarze Inseln auf den Waldboden zeichneten. Tief unten lag das Städtchen wie ein farbenprächtiger Teppich ausgebreitet. Nur der Stundenschlag der Kirchenturmuhr schwang sich zögernd bis zu uns herauf und das ferne Fauchen des Zuges, dessen Rauchfahne steil zum Himmel stieg, der wie ein schwarzes Ringelband durch das Tal kroch und am weißblauen Horizont verschwand. Es kam mir vor, als seien Mutter und ich ganz allein auf dieser schönen Welt; und wieder empfand ich unbeschreibliches Glücksgefühl.

Kam ich empört heulend nach Haus gelaufen, oder aber weinte ich in tiefem Kinderschmerz still vor mich hin, immer war Mama tröstend zur Stelle. Unendlich zärtlich streichelte sie meine Nöte von der Stirn; in ihrer Umarmung wußte ich mich sicher und geborgen. »Dir kann doch nichts passieren«, beruhigte sie, »ich hab' dich ja so lieb.«

Vater beobachtete uns dann mit Frostaugen, murrte über die Gefühlsduselei und sagte verweisend: »Du verweichlichst das Kind.« Papa sprach nie von Liebe; er küßte und er streichelte nicht, immer sorgsam darauf bedacht, seine Gefühle zu verbergen. Kühl und distanziert lebte er mit uns und doch wieder ganz ohne uns. Sein spöttischer Humor machte vor niemandem und nichts Halt. Mit sportlichem Elan schoß er gezielt seine Bemerkungen ab. Sein betont herrisches Auftreten verbat sich von vornherein jede spontane Annäherung.

Aber es gab Momente, da hob Vater seine Maske, und ungeahnte Herzlichkeit kam zum Ausbruch. »Peterle« nannte er mich dann. »Was machst du denn, Peterle«, höre ich ihn noch heute rufen; und wenn er ernsthaft mahnte: »Paß jetzt gut auf, Peterle«, krallten sich meine Kinderaugen gebannt in das freigelegte Vatergesicht.

Er war der grandiose Zauberkünstler, der mich – simsalabim – in den so sehnlichst erhofften Sohn verwandelte. Die zugedachte Rolle erfüllte mich mit höchstem Stolz, denn ich trauerte voll Verständnis mit ihm, daß aus mir nur ein Mädchen geworden war. Ich kannte sehr wohl die greuliche Geschichte, die sich um meine Geburt rankte, und gewissermaßen hatte ich nicht nur meinen Vater, sondern auch die Flüsterseelen im Dorf um ein beträchtliches Vergnügen gebracht:

Denn damals, Ende 1934, erwartete Papa mit absoluter Sicherheit den Stammhalter. Er plante schon im vorhinein ein großes Freudenfest. Freibier sollte fließen vom Kontor bis hinunter in die Kistenschreinerei, und waschkorbweise Wurst und Wecken waren für die ganze Belegschaft geordert. Und dann kam die Nachricht von einer Tochter, die Vater so tief vergrämte, daß er Würste und Wecken abbestellte, und die Bierfässer wurden erst gar nicht aus dem Keller der Brauerei ans Tageslicht gerollt. Rundherum enttäuscht nahm man von mir Kenntnis. Ein beschämender Anfang, und es wurmte mich gewaltig, wenn ich mir vorstellte, wie man mich wohl heimlich bei Nacht und Nebel ins Haus geschmuggelt hatte.

Höhepunkt der leisen Vater-Peter-Liebe war die Erzählstunde sonntagmorgens. Kurz vor 8 Uhr verließ Mutter das Haus und folgte dem energischen Glockenruf des gestrengen Hochwürden. Hörte ich ihre hastigen Schritte über den Kiesweg knirschen, schleuderte ich mit einem Fußtritt das dicke Plumeau ins Zimmer, drehte das lange Nachthemd zur handlichen Wurst und rannte zum Elternschlafzimmer. Ich hämmerte an die Tür und wartete ungeduldig auf das »Herein«. Meist wartete Vater schon auf mich. Er saß aufrecht im Bett, sein kurzes Haar sträubte sich widerspenstig nach oben zum lustigen Hahnenkamm, über der scharf gekrümmten Raubritternase lachten mir seine stahlblauen Augen entgegen. Vorsichtig stieg ich über ihn, wollte ihn nicht berühren, nicht belästigen, und lag dann endlich steif und glücklich im Besuchsritz. Vater ließ sich wieder in die Kissen sinken und ich flüsterte aufgeregt: »Bitte, erzähl' doch von den Mäusen.«

Vaters Vorrat an Mäusegeschichten war unerschöpflich. Er erzählte vom vornehmen, mutigen Geschlecht der Waldmäuse, von den räuberisch-listigen Feldmäusen und vom widerlichen Schmarotzergesindel, der Hausmäuse. Auf Wiesen und Feldern tobten dann erbitterte Mäusekriege; graue Heerscharen wieselten das Tal hinauf und hinunter. Im Wald regierte ein uralter Mäusekönig und seine Generale waren so gefürchtet, daß die Bauern vor ihnen die Mützen zogen, die Scheunentüren öffneten und das gespeicherte Korn als Kriegsproviant anboten.

Für die Hausmäuse hatte Vater nichts übrig. Sie waren durchweg dumm, faul und gefräßig. Vater ließ sie rasch an Giftkörnchen verenden, in Mäusefallen zappeln oder gar in Schmalztöpfen ersticken. Ausführlicher berichtete er von unserer Hausmaus. Sie wohnte im Keller, huschte im Dunkeln um die Weinfässer und beknabberte Vaters Lieblingsäpfel in den Obstregalen. »Sie hat keinen Schneid«, sagte Papa abfällig, »deshalb muß sie im pechschwarzen Keller leben. In mondhellen Nächten hüpft sie an ein geöffnetes Kellerfenster und schaut sehnsüchtig in den Garten. Oft kommt dann trommelnd und pfeifend eine schneidige Feldmauskompanie vorbeimarschiert, und beim Anblick der kümmerlichen Hausmaus brechen die Krieger in höhnisches Gelächter aus, bis der Hauptmann scharf durch seine Schnurrbarthaare zischt, sich vor dem Fensterchen aufbaut und mit schrecklicher Stimme die unwürdige Verwandte für immer in Menschennähe verbannt. Durch Faulheit und Feigheit hat sie ihre Freiheit verspielt, verstehst du das, Peterle?« Vater schaute mich prüfend an, und um seinen Abscheu noch zu verdeutlichen, hob er drohend den Finger und grollte: »Wenn sie mir über den Weg läuft, schlage ich sie mit meinem Hausschlappen tot, denn nur dem Fleißigen, dem Mutigen, gehört die Welt.«

Nach Vaters Berichten wurden die Anführer der berühmten Mäusestämme unvorstellbar alt. Zwar verloren sie alle Zähne, und pfiffen oft nur noch durch ein Schnurrbarthaar, aber ihre Abenteuerlust und ihre Freiheitsliebe blieb dieselbe. Vernarbt und faltig hing das Fell um die ausgezehrten Glieder, dafür nahmen ihre Köpfe an Umfang zu, wurden groß wie Kürbisse durch die angesammelte Lebenserfahrung und Weisheit. Nur Vater und ich teilten auch das Geheimnis, daß sich zu jeder Vollmondnacht der Ältestenrat der Feld- und Waldmäuse am Waldrand hinter unserem Haus zusammenfand. Die grauen Würdenträger saßen auf dem Geländer des Wasserreservoirs und konnten von da aus das Dorf, ja das ganze Tal überblicken.

Oft stand ich als Kind am Fenster, schaute hinauf zur mondbeschienenen Stelle, und ich glaubte die Kugelköpfe zu erkennen und die langen, fadendünnen Schwänze, die wie abgekochte Spaghetti im Wind baumelten.

Kam Mutter vom Kirchenbesuch zurück, endeten die Mäuseerzählungen abrupt. Vater verschwand im Badezimmer, glättete den Hahnenkamm mit der schwarzen Frisierhaube, verwandelte sein Gesicht in eine weiße Schaumwolke, die er sorgfältig mit dem Rasierapparat durchpflügte. Ich hockte auf der Badezimmerbank, bestarrte sein Handtieren und störte ihn gewaltig bei der Toilette. »Zieh' dich endlich an«, brummte er dann übellaunig, »Mutter wartet schon mit dem Frühstück«, und unter den letzten Schaumflocken erschien sein Alltagsgesicht – kühl und verschlossen.

***

»Ordnung ist das halbe Leben«, zitierte Papa und schritt durch das Haus, als nähme er eine Parade ab. Stühle, Tische, Sessel, Sofas, Lampen und Papierkörbe hatten ihre auf den Zentimeter festgelegten Plätze. Hinter den Glasscheiben des Bücherschrankes standen die Bücher alphabetisch geordnet, aufgereiht wie ein strammes Heer. Die Bilder hingen über all die Jahre an ihren ausgemessenen Stellen, schienen in die Wände hineingewachsen, Zinnteller und Zinnkrüge glänzten in gleichem Abstand auf den Holzregalen.

Im Herrenzimmer, Vaters unantastbarer Festung, standen als wichtigstes Mobiliar der breite Ledersessel, auch Kommandostuhl genannt, und der wuchtige, schwere Schreibtisch mit dem Löwenfüßen. Hier fand sich die Schreibmappe mit exakt sortiertem Inhalt, da thronte die marmorne Schreibtischgarnitur mit dem Füller »Pelikan« und den stets gespitzten Bleistiften. Die noch zu erledigende Privatkorrespondenz steckte rechts in einem Halter, und auf der linken Seite wuchs ein großer Packen längst vergangener Mitteilungen über Geburten, Hochzeiten und Todesfälle, neben säuberlich ausgeschnittenen Lokalberichten der Heimatzeitung, die Vater rot umrandet und teilweise mit riesigen Ausrufezeichen versehen hatte. – Trieb mich die Neugier zu nahe an den Schreibtisch, so hob ich unwillkürlich die Augen. Aus großen, dunklen Gemälden blickten mich Urgroßvater und Urgroßmutter Krefft verweisend an, und unwillig aber gehorsam bezwang ich meinen Stöberdrang.

Auf die Minute genau wurden bei uns die Mahlzeiten aufgetragen, denn »Pünktlichkeit ist die Höflichkeit der Könige«, erklärte Papa. Aufmerksam beobachtete er mein Benehmen bei Tisch. »Halte dich gerade, sonst bekommst du einen Buckel« mahnte er, und dann mit schiefem Blick auf Messer und Gabel: »Am akkuraten Essen erkennt man den Menschen.« Gewöhnlich tranken wir zum Essen Apfelwein eigener Herstellung, den Luise aus den Fässern im feuchten Weinkeller zapfte. Manchmal war er so sauer, daß ich mich schüttelte. Vater hob dann erstaunt die Augenbrauen und tadelte: »Ein wohlerzogener Mensch läßt sich beim Essen nichts anmerken; er verspeist, wenn es sein muß, sogar einen Regenwurm.«

***

Blumen und Zierpflanzen verabscheute Papa. Sie störten seinen Ordnungssinn, und er verletzte Mutter tief, wenn er sie giftig lachend »krumme Geißböcke« nannte. Geradezu ungeheuerlich war deshalb Mutters Idee, die überdachte Terrasse in einen Wintergarten umgestalten zu lassen. Vater versank in tagelanges, empörtes Schweigen, äußerte sich nur durch wütende Blicke, verschwand abends in einem der 17 Wirtshäuser und plante eine lange Geschäftsreise. Doch Mama kämpfte beharrlich um die Erfüllung ihres Herzenswunsches. Wortgewaltig tobten die Gefechte hinter verschlossenen Türen, und »das Geld« schien die mächtig drohende Waffe zu sein, die die Eltern zwischen sich hin- und herschleuderten. Gespannt belauerte ich die Szenen und vernahm dabei mit Erstaunen, daß ich in zwei halben Häusern wohnte: der Mutterhälfte und der Vaterhälfte, und ich grübelte darüber nach, durch welches Zimmer wohl die Trennungslinie ging. Es war anzunehmen, daß die heißumstrittene Terrasse zu Mamas Haushälfte gehörte, denn Vater ging auf die angedrohte Reise und Mutter ließ die Handwerker kommen.

Im Nu entstand der Wintergarten. Er wurde mit zierlichen Sesseln und Tischchen möbliert, Blumenvorhänge bauschten sich vor den großen Fenstern, Mokkaservices blinkten bunt in Wandregalen, und hochbeinige Blumenständer, zwei- und dreietagig, warteten auf ihren Schmuck.

Der Gärtner Wetterer, ein anerkannter Blumenzüchter und Philosoph, kam ins Haus. Prüfend begutachtete er die Räumlichkeit, und stundenlang dauerten seine Vorträge und Erwägungen, bis der gewählte Pflanzenreigen angekarrt wurde und Mutter endlich stolz und matt unter eigenen Palmen saß.

Vater kam gutgelaunt aus der Fremde zurück. Er übersah den Wintergarten einfach und stöhnte nur manchmal über die Treibhausluft, die bis ins Eßzimmer dampfte. Dann riß er Fenster und Türen auf, machte Durchzug, und flüsterte mir zu: »Paß auf, gleich bläst der Wind die ausländischen Geißböcke in den Garten.«

***

Öffentlich zu Ruhm und Ehren kam Mutters Pflanzenschar an Fronleichnam, dem schönsten kirchlichen Fest des Städtchens. Heinrich Zapf, auch ein Schulfreund von Vater, wirkte – weithin bekannt – als Zeremonienmeister. Schon Monate vor dem großen Tag vergaß er seine Weinhandlung. Grübelnd saß er über der jährlich wechselnden Gestaltung des Festes. Motive für vier Altäre mußten gefunden werden, und die Entwürfe der vielen Blumenteppiche wurden auf großen Pappkartons aufgezeichnet.

Ab 1. Juni übernahm Herr Zapf die absolute Herrschaft im Städtchen. Er stellte seine Hilfstruppen zusammen, aus nah und fern trafen die angeforderten Heiligenfiguren ein und verschwanden, geheimnisvoll in Säcke verhüllt, im feuchten Weinverlies. Abends saßen die Flüsterseelen in den 17 Wirtshäusern verteilt. Sie warteten geduldig auf das Erscheinen von Herrn Zapf, der letzte Orders ausgab; denn jedes Haus, an dem die Prozession vorbeizog, hatte würdigen Schmuck anzulegen.

Am 4. Juni zogen die Kinder mit großen Körben hinaus in Wiesen und Felder und sammelten Blumen, streng nach Farben getrennt. Nachmittags bis spät in den Abend saßen wir im düsteren Zapfschen Garten und zupften die Blütenblätter ab.

Herr Zapf indessen, völlig entnervt, überwachte streng die Ausführungen seiner künstlerischen Ideen. An markanten Stellen des Städtchens wurden die Altäre aufgebaut. Schreiner zimmerten Holzgerüste, Anstreicher und Schlosser beugten sich den unerbittlichen Befehlen des Entwerfers, der wie ein aufgescheuchtes Huhn die Straßen hinauf und hinunter flatterte. Zweirädrige Holzkarren und Leiterwagen, beladen mit Blumenvasen und schwankenden Heiligenfiguren holperten durch die Gassen.

Mutter trug Beträchtliches zum Gelingen des Festes bei. Die Umgebung des Fabrikgeländes glich einem Blumenmeer, und vor der Einfahrt stand jedes Jahr ein anderer weitgereister Heiliger auf hohem Podest. Er blickte milde in die Zierpalmen und Lorbeerbäume, die Herr Speck im Schweiße seines Angesichts aus dem umstrittenen Wintergarten schleppte, brummend auf den Handwagen verlud und dabei bergabwärts beim Abbremsen größte Mühe hatte, nicht von der grünen Last überrollt und plattgewalzt zu werden. Ganze Bibelsätze ließ Mutter von Herrn Zapf kunstvoll in Bildersprache umsetzen. Die Darstellung des »Lasset die Kindlein zu mir kommen« entzückte nicht nur die Flüsterseelen, sie wurde gerühmt bis hinein in entlegenste Seitentäler. Sämtliche

Puppen im Dorf waren gesammelt worden, und in mühsamer Kleinarbeit scharte man sie um den Herrn Jesus, der freundlich vom Fabriktor in die starren Kinderaugen lächelte.

Spät nachts bis früh in den Morgen werkte der Jungfrauenverein. Die bemalten Pappkartons schmückten die Trottoirs, die Blumenmuster wurden mit buntem Sägemehl ausgestreut und mit passenden Blumenblättern belegt. Das Fest konnte beginnen.

Vor dem prächtigen Altar auf dem Kirchenplatz versammelte sich die Gemeinde. Die Kirchenglocken jubelten bis hinauf zu den Waldhöhen und lockten den verstocktesten Bauersmann aus seinem Einödhof. An diesem Tag wurde Hochwürden wie ein König erwartet. Die Musikkapellen stießen in die Trompeten, und da wankte auch schon der rote Himmel mit den schweren Goldborten aus dem Hauptportal der Kirche. Das samtene Dach war an Stangen befestigt, die von sechs Kirchenältesten getragen wurden. Darunter schritt der Herr Pfarrer, eingegraben in prunkvolles Goldgewand, das Allerheiligste fest an die Brust gepreßt. Ihm folgten bescheiden die Geistlichen der Umgebung, umwölkt von schweren Weihrauchdämpfen, umschwirrt von der aufgeregten Meßdienerschar. Die Prozession setzte sich in Bewegung.

Die Mädchen mit kleinen Blumenkörbchen am Arm, die Buben in speckigen dunklen Anzügen, in schwarzen Schnürstiefeln; durch das angeklatschte Haar zogen sich schnurgerade die Scheitel. Ordensschwestern mit steif gestärkten Flügelhauben umkreisten die Jugend und sorgten für Ruhe und Sittsamkeit. Steifbeinig und würdig schlossen sich die Männer an. Voraus die Honoratioren, dann die Geschäftsleute, die Handwerker und die

Bauern, die Arbeiter und die Tagelöhner. Bei den Frauen herrschte eine andere Rangordnung. Die Frömmsten der Frommen übernahmen die Führung. Sie schwangen ihre Rosenkränze, und ihr durchdringendes Singen und Beten kämpfte verbissen gegen das weltliche Geblase der Musikvereine an. Langsam zog die Prozession durchs Städtchen.

Die warme Junisonne schmolz schon bald die fromme Andacht aus den Gesichtern. Die Kunstwerke von Herrn Zapf forderten ganze Aufmerksamkeit. Flüstern und Geraune machte sich breit, und manchmal konnte man sogar ein schlecht verborgenes Gelächter aufglucksen hören.

Vor jedem Altar wurde ein Evangelium verlesen. Das waren angenehme Ruhepausen, denn das feierliche Geschreite in engen Sonntagsschuhen peinigte die Füße, und ich war immer sehr erleichtert, wenn der Kirchturm wieder näher rückte.

Wie eine übergroße schwarze Woge schwappte die Menschenmenge zurück auf den Kirchplatz; man benutzte ungeniert die Ellenbogen, um sich einen guten Platz beim Finale zu erkämpfen. Schmetternd stieg das »Großer Gott, wir loben dich« zum veilchenblauen Himmel. Gerührt blickte der gestrenge Herr Hochwürden auf seine fromm begeisterte Herde, hob segnend die Hände in allesverzeihender Liebe.

Die Frauen und Kinder promenierten noch den ganzen Tag vor den Zapfschen Schöpfungen, während die Männer längst wieder um die Stammtische hockten und heftige Prozessionsdebatten führten.

Nach dem großen Aufräumen kehrte Herr Zapf zu seinen Spirituosen zurück. Wie üblich hastete er in die erste Morgenmesse und beendete sein Tagewerk mit der Abendandacht. In unserem Haus war er gerngesehener Gast. Vater pflegte mit ihm Kindheitserinnerungen zu erörtern, und Mutter hatte einen temperamentvollen Gesprächspartner in puncto Religion. Herr Zapf glich einem feuerspeienden Vulkan. Einerseits sprühte er vor Lebensfreude, andererseits konnte er sich blitzschnell in einen besessenen Mystiker verwandeln. Er kannte weder Ruhe noch Gelassenheit. Wie ein Jagdhund witterte er die Probleme seiner Mitmenschen, machte sie voll engagiert zu den eigenen und ließ nicht eher davon ab, bis eine Lösung gefunden war. Bei seinen Besuchen fegte er wie ein Windstoß ins Haus; lachend und lärmend unterhielt er die Eltern mit seinen kapriziösen Einfällen. Wenn dann im Laufe des Abends das Stimmgewirr abebbte, schlich ich leise ins Zimmer und verdrückte mich in eine Ecke.

Herr Zapf hatte dann sein Interesse am Irdischen verloren; mit flackernden Feuerblicken startete er wie eine Rakete ins Überirdische. Schon weilte er im Fegfeuer bei den Armen Seelen und schilderte deren Nöte und Leiden so überzeugend und ausdrucksstark, daß ihn selbst das Schaudern packte. Spätestens jetzt war ich restlos davon überzeugt, daß seine rollenden Flammenaugen Zimmerdecke, Dach und Wolken durchsengten und mitten in die Jammerstätte hineinschauten, wo verstorbene Sünder wehklagten.

Mutter machte große Angstaugen und nickte zustimmend. Vater nahm vorsichtig den Fuß vom Sofa, was immer auf eine gewisse Verunsicherung hindeutete.

Die armen Seelen nahmen mit Herrn Zapf Kontakt

auf, sprachen sozusagen durch seine Zunge. Sie baten dringend, ihrer im Gebet zu gedenken, beschworen ihn, den Sehenden, vom Unheil der Sünde zu berichten. Aus den Flügen ins Fegfeuer zog Herr Zapf ständig neue Erkenntnisse: »Wieder hat sich mir eine verschlossene Tür geöffnet«, konnte er mit hohler Stimme rufen, und das Geschaute ließ uns aufs Neue erschauern. »Da oben ist wenigstens noch ein Quentchen Hoffnung«, sinnierte Herr Zapf, »aber unten in der Hölle: Aus! Verdammt in alle Ewigkeit! Unvorstellbar!« – »Amen«, schmetterte Papa vom Sofa her und erntete beleidigte Blicke von seinem Freund und von Mama.

Herr Zapf, nie verlegen, wechselte jetzt über zu den »Erscheinungen«, einem weiteren Lieblingsthema von ihm: Von Heiligen, Märtyrern und besonders vom Teufel wußte er Erstaunliches zu berichten: Wie sie Gestalt annahmen, mitten unter uns weilten und uns beobachteten. Er begann Weissagungen auszulegen, kam immer wieder auf seine geliebten »Kinder von Fatima« zu sprechen, beschrieb die erschienene Jungfrau Maria bis ins kleinste Detail, so als habe er höchstpersönlich auf dem spanischen Feld hinter einem Busch gestanden. Für die Zukunft sah er Bedrohliches voraus: Krieg und Hungersnot, Zerfall von Sitte und Moral, kurz: Weltuntergang!

»Heinrich, mach Schluß, mir graut vor dir«, rief Vater, griff zur Weinflasche und knipste den Kronleuchter an.

Fröstelnd rieb ich mir die Augen, und Mutter flüsterte benommen: »Berthold, du hast keinen Sinn für das Wesentliche.«

Mit dem Aufflammen des Lichtes warf Herr Zapf sein überirdisches Gewand ab, saß am Tisch wie ein ganz normaler Mensch, was mich stets aufs Neue erstaunte.

Er zog sein großes Taschentuch, putzte die beschlagenen Brillengläser, fing wieder an zu lachen und zu lärmen und prostete dem lieben Berthold zu.

Auch bei größeren Gesellschaften verstand Herr Zapf meisterhaft zu brillieren. Seine Ansprachen und Vorträge hielt er in kultiviertem Schriftdeutsch, griff in Hochstimmung gar zu dreisprachiger Würze. Ernsthaftes wurde lateinisch befestigt, Fröhliches endete mit französischem Bonmot, Spritziges bekam einen italienischen Tupfer.

Zusätzlich berühmt machte ihn seine Kochkunst. Stand ein wichtiges Festessen bevor, so bat man ihn um Mithilfe. Für den guten Freund Berthold kreierte er »diners par excellence«. Schon allein die Vorbereitungen erschöpften Mutters Nervenkraft, zumal Herr Zapf auf absolut selbständigem Wirken bestand. Stunden vor dem großen Ereignis traf er mit eigenem Hilfspersonal ein und nahm von der Küche Besitz.

Mama saß händeringend im Schlafzimmer und malte sich eine Blamage aus. Doch kann ich mich an keinerlei Pannen erinnern, außer, daß in der Küche durchdringendes Gelärm und Geschrei herrschte, daß ungeheuere Portionen auf den Tisch gewuchtet wurden und daß zum Schluß der Meister selbst erschien, die berühmte Sahnetorte in der Hand und wohlgefällig den donnernden Beifall entgegennahm.

Nach einem solchen Tag seufzte Mutter erleichtert lächelnd: »Es war ja ordentlich, das muß man ihm lassen; aber für mich wieder viel zu fett.«

***

Sommerzeit – Zeit der kurzen Nächte! Vater wanderte frühmorgens barfuß über die Wiesen, fühlte sich neugeboren durch das Tautreten nach Pfarrer Kneipp; Mutter zerrte an Gartenschläuchen und begoß die Blumen; ich schlüpfte in meine Sandalen, schloß mich den Kinderhorden an, und wir rannten, rannten durch wogendes Grün, berauscht vom Schönen, auf rastloser Suche nach noch Schönerem. Die Buben spannten Grashalme zwischen die Finger und schickten schrille Jubelpfiffe ins endlose Blau. Die Mädchen schmückten sich mit Blumenketten, und ich wünschte, daß mir doch endlich Flügel wüchsen, um mitten hinein in die Sonne fliegen zu können. Wir haschten nach den Schmetterlingen, taumelten sonnentrunken wie sie durch das Meer von Licht. Mit übervollem Herzen kehrte ich dann zurück, tauchte ein in die Stille des kühlen, abgedunkelten Hauses. Goldstrahlen zwängten sich durch die schmalen Ritzen der Jalousien, tanzten über Decken und Wände und verzauberten die Zimmer. Alles schien auf mich zu warten: Das Haus, die Menschen im Haus; sie liebten mich, ich liebte sie! Heißes Glücklichsein fühlte ich in mir auflodern, so brennend wie draußen die Sonnenstrahlen.

Ich rannte in die Küche, sprang Luise in die Arme; saß zappelig am Tisch, berichtete, erzählte, versuchte Glück und Freude in Worte zu fassen, wollte die Eltern mit hineinziehen in meinen wunderbaren Kindersommerzauber. Aus meinem Haar fielen welke Wiesenblumen aufs Tischtuch. Vater bekam blankgefegte Augen und stimmte in mein Erzählen ein: »Damals, damals, als ich so klein war . . . «, und mit Staunen hörte ich von einem längst vergangenen, ähnlichen Sommer, sah den Vater als Buben über die gleichen Wiesen und Felder laufen, und es kam mir so vor, als wäre ich schon damals als kleiner Schatten hinter ihm hergehüpft.

Mittagsruhe! Draußen die schwerlastende Hitze; drinnen köstliches Entspannen, Dösen, Träumen. Vater auf dem Diwan im Elternschlafzimmer. Die Zeitung ist ihm auf die Brust gesunken; sein eintöniges Schnarchen ließ die Stille noch stiller werden. Mutter im Wintergarten bei ihren grünen Freunden. Ich auf meinem Bett, eingegraben in Bilderbücher, fernes Töpfeklappern aus der Küche, nahvertrautes Brummen und Gesurr der schwarzen, dicken Sommerfliegen, deren Wanderungen durchs Zimmer ich so gerne beobachtete.

Auf die Minute, um 14 Uhr, fiel Vaters Schlafzimmertür hart ins Schloß, und folgsam erwachte das Haus zu neuem Schaffen. Auf der Küchenbank hinter dem großem Arbeitstisch saßen Frau Brugger, Frau Seiboldt und Luise. Sie griffen tief hinein in Obst- und Gemüsekörbe, denn es war Einmachzeit.

***

Da wurde abgebeert und entsteint. Erbsen flogen wie kleine Geschosse aus den Schoten und tanzten über den Küchenboden. Bohnen zischten über scharfe Messerchen und wurden ihrer Fäden beraubt. Auf den sechs Ringen des Holzherdes standen die glänzenden Messingkessel. Darin blubberten die Marmeladen wie Mini-Vulkane, und aufgeregte Wespen- und Bienentrauben surrten im Sog der süßen Düfte. Der Küchenhocker stand umgedreht auf der Holzkiste. Zwischen seinen Füßen baumelte schwer eine große Serviette, die den heißen Früchtebrei zu delikatem Festtagsgelee filterte.

Die Frauen arbeiteten bis tief in die Nächte. Durch die weitgeöffneten Fenster und Türen fielen breite Lichtstreifen in den dunklen Gemüsegarten. Gedämpftes Stimmengewirr, mühsam unterdrücktes Gelächter rankte ums Haus; kroch die Wände empor, hinein in die offenen Schlafzimmerfenster und raunte mich in glückselige Träume.

»Sich regen bringt Segen«, sagte Mutter. Der Garten wurde leergerntet; die Gaumenfreuden des Winters waren gesichert. Es glich einer feierlichen Handlung, wenn sie im Keller stand und die Vorräte einsortierte. Jedes Glas war etikettiert, sorgsam beschriftet nach Inhalt und Jahreszahl. Häufig tauchte dabei auch Vater auf. Prüfend schritt er die Reihen der Gläser ab, wies mit spitzem Finger auf Reste der vergangenen Jahre, die schon Schimmel angesetzt hatten, und knurrte freundlich: »Wer soll das Zeug nur alles essen?«

Papa widmete jetzt seine Freizeit ausschließlich dem Obstgarten, der mitten im Dorfkern lag. Sein ständiger Begleiter war Dr. Kremers, ein pensionierter Geistlicher aus dem Rheinland. »Er ist an erster Stelle Gelehrter und dann erst Pfarrer«, betonte Vater ausdrücklich. Dr. Kremers teilte Papas Vorliebe für Äpfel- und Birnenkunde. Seine jährlich wechselnden Verbesserungsvorschläge trieben Vater zu ständig neuen Züchtungs- und Veredlungsversuchen. Abend für Abend beobachteten die beiden mit Argusaugen das Wachsen und Reifen der Früchte. Herr Kremers hüpfte, seines Holzbeins wegen, wie eine übergroße Krähe von Baum zu Baum, stocherte mit dem Stock in den Blättern, zeigte sich teils freudig überrascht, dann wieder heftig empört über das Gedeihen dort oben. Er blätterte mit dünnen Fingern in mitgeführten Fachzeitschriften und dozierte temperamentvoll Obstwissenschaft in die Abenddämmerung. In ganz seltenen Fällen kam es zu Meinungsverschiedenheiten.

Dann nahm Vater eine Stange zur Hand und schlug ärgerlich die umstrittene Frucht vom Ast. Mit dem Taschenmesser wurde sie zerteilt und gekostet, um endgültig für »ausgezeichnet, gut, mittelmäßig oder schlecht« befunden zu werden.

Zur Haupterntezeit stellte Vater in der Fabrik eine Pflückmannschaft zusammen. Wie eine kleine Prozession zogen die Leute mit Handkarren, Kisten und Körben zum Fabriktor hinaus, vorbei an der Brauerei, auf deren Dach jedes Jahr eine Storchenfamilie nistete. Sie verschwanden im dunklen Schatten der Kastanienbäume, die den Klosterbach säumten, tauchten auf dem Steinbrückchen wieder auf und holperten und polterten hinunter zur angrenzenden Obstwiese. Die Frauen sammelten das Fallobst, das später zu Most verarbeitet wurde; die Männer standen auf hohen Leitern in den Bäumen und pflückten fast andächtig die dickbackigen Äpfel und Birnen edelster Zucht. Die Obstkisten, mit Holzwolle ausgepolstert, standen in langen Reihen, und streng nach Sorten getrennt senkten bedächtige Hände Vaters Sommerträume ins weiche Bett.

Abends formierte sich erneut der kleine Zug. Schwerbeladen ächzten die Wagen über das Kopfsteinpflaster des Städtchens; keuchend zerrten die Pflücker ihr Tagwerk die steile Anhöhe hinauf und setzten die Kisten zur allgemeinen Besichtigung in der Garage ab. Luise schleppte Mostkrüge und Vesperbrote heran. Die Männer und Frauen saßen mit schweißnassen Gesichtern auf den Steinmäuerchen, kauten, schwatzten und lobten die Ernte. Vater stand in der Garage, schnupperte und schnüffelte an einzelnen Äpfel und Birnen, war begeistert vom »ganz erlesenen Aroma«. Auf den Heimweg bekam jeder Helfer einen gefüllten Korb mit, und ich hopste hinter den Leuten her und rief mit ihnen im Chor: »Vergelt's Gott, vergelt's Gott!« Und dann stakste Herr Dr. Kremers über den Kiesweg, verschwand schnurstracks mit Papa in der Garage und verblieb dort eine lange Zeit.

Anschließend saßen die Freunde im Herrenzimmer. Vor ihnen häuften sich angeschnittene Äpfel und Birnen; Fachbücher wanderten von Hand zu Hand, von neuen Experimenten im nächsten Jahr war schon wieder die Rede, und selbstzufrieden tönte es aus Vaters Sessel: »Die Kultur eines Hauses fängt im Keller an – beim edlen Tafelobst!« – »So ist es, so ist es«, bestätigte Dr. Kremers. Er stieß dicke Rauchwolken aus Mund und Nase, und sah aus wie ein feuerspeiender Drache.

***

So nahm der Sommer seinen Lauf. In den Wäldern kreischten die Baumsägen; Kinder und Frauen mit klappernden Eimern suchten die würzigen Waldbeeren. Auf den Feldern wühlten die Bauersleute, als wollten sie der Scholle auch die allerletzte Gabe ablisten. Auf den Wiesen lagen duftende Heuhaufen, und wir Kinder sprangen mitten hinein ins knisternde Polster, ließen uns einsinken, begraben, ruderten uns wieder frei; fühlten uns stark und ungefährdet, verwachsen und eins mit Berg, Wald und Tal. Nur der Herr Pfarrer sah mit ernsten Augen auf das Sommerglück. Einsam wandelte er täglich am Waldrand auf und nieder, murmelte unentwegt in sein Gebetbuch; er betete das Brevier, wie mir Mutter erklärte. Zur Frühmesse und zur Abendandacht erschienen nur noch uralte Mütterchen und der Treueste aller Getreuen, Herr Zapf. Für ihn war die leere Kirche eine persönliche Herausforderung. Krachend schlug er die Kirchentür ins Schloß, als wolle er sagen: Keine Sorge, Allmächtiger, ich melde mich jederzeit zur Stelle. Er segelte wie ein Schlachtschiff durch den Hauptgang, warf sich an seinem angestammten Platz auf die Knie, füllte mit dröhnendem Gebet und schallendem Gesang die ganze Kirche aus, vertrat die Ehre der Gemeinde vor allerhöchstem Richterstuhl.

Am 15. August, zu Maria Himmelfahrt, hatte unser Hochwürden endlich wieder Grund zur Freude. In Scharen eilten die Kinder dem Gotteshaus zu. Es wurden die Kräuterbüschel geweiht, um Krankheit, Blitz und Unwetter vom Elternhaus fernzuhalten. Die Vorbereitungen machten uns zu Einzelgängern. Ein heftiger Konkurrenzkampf entbrannte, denn jeder wollte den schönsten Buschen präsentieren. Bündelweise schleppten wir die Heilkräuter aus Wald und Flur nach Hause, um sie dann in stiller Abgeschiedenheit zu einem kunstvollen Strauß zu verflechten. Der Phantasie waren keine Grenzen gesetzt. Es entstanden Kräuterbüschel von riesengroßen Ausmaßen, die nur durch ein Drahtkorsett Halt fanden, und die glücklichen Besitzer schwangen sie wie Kampfkeulen vor den neidischen Augen der Kameraden.

Mir brachte dieser Tag immer nur Ärger. Mutter bestand auf einem schlicht vornehmen Gebinde, das meine Freunde nicht im geringsten beeindruckte, so daß ich es zornig durch die Luft peitschte, bis es wie ein borstiger Handfeger aussah. Meist gab es schon vor der Kirche Krach und Streit, und es kam nicht selten vor, daß eine prächtig gewirkte Kräuterkeule auf einem harten Kinderkopf die Form verlor, sich dort entblätterte und nie zur Weihe gelangte. Das war für mich eine herrliche Entschädigung der eigenen Niederlage, und ich schrie begeistert den Unglücklichen ins Ohr: »Das ist die gerechte Strafe Gottes!«

***

Es kam jetzt immer häufiger vor, daß die Erwachsenen vom Krieg sprachen. Vater ließ eine Fahnenstange auf der Terrasse montieren, und an bestimmten Tagen, wenn aus dem Radio überlaut eine Männerstimme donnerte, wurde die neue Fahne gehißt. Papa machte das höchstpersönlich, und Mama stand dabei und schimpfte, sprach von gottlosem Pack und Verbrecherbande. Vater blinzelte zur flatternden Fahne hinauf und meinte lachend: »Immer noch besser als die Kommunisten. Es geht wieder aufwärts mit Deutschland.« Durch das Städtchen marschierten die Hitlerjungen in schicken Uniformen, Augen geradeaus – auf ein unbestimmtes Ziel gerichtet. Frauen und Männer beugten sich neugierig aus den Fenstern; die Kinder standen schweigend am Straßenrand und ahnten, daß sich etwas ganz Neues, noch Unbegreifliches, ins Tal eingeschlichen hatte. In der Fabrik wurden überall Volksempfänger angebracht, damit auch hier die bekannte Stimme grollen konnte. Dann ließen die Leute die Arbeit sinken und schrien sich gegenseitig ihre Meinungen zu. Die Hitlerfreunde krakeelten auf die Anhänger des Hochwürden ein, bis Meister Lehmann wieder Ruhe herstellte. Er war inzwischen Ortsgruppenführer geworden, eine ernstzunehmende Respektperson. Streng schritt er durch die Fabriksäle und verkündete drohend: »Jetzt ist ausdiskutiert. Gemeinsam stehen wir hinter dem Führer!« Das begriffen alle recht schnell. Zwar bekamen die Frommen schmale Lippen, aber man saß ja zusammen in einem

Boot. Da schien es schon klüger, sich den Jubelmassen anzuschließen – mit dem feinen Unterschied, daß die einen laut schrien, und die andern leise einfielen.

Vater und der gewichtige Bürovorsteher Bollmann beobachteten argwöhnisch Meister Lehmanns Einheitsfront. Die Autorität des Chefs und des Kontors war bedroht. »Handeln tut not«, sagte Papa, und »dem nehmen wir den Wind aus den Segeln.« Schnellstens traten beide Herren der Partei bei und Bollmann erhielt die zusätzliche Order, seine Freizeit der Parteiarbeit zu widmen. »Nur zu Ihren Gunsten«, besänftigte ihn Vater, »damit der Lehmann ihnen nicht auf der Nase herumtanzt!«

So einfach war das. Die Fabrik beugte sich wieder der alten Ordnung. Vater saß im Privatbüro hinter dem gewaltigen Schreibtisch, Bollmann hetzte zwischen den Bürotüren hin und her, nahm schnaufend und prustend Befehle entgegen, trabte wie ein Eilkurier über die knarrenden Holzgänge in die hintere Fabrik zu Meister Lehmann, bellte die Anweisungen »von oben« in den Raum, duldete keinerlei Widerspruch, setzte zum Abschluß hämisches Grinsen auf und geiferte: »Aber dalli, dalli, für Führer, Volk und Vaterland!«

Das Städtchen wurde von der neuen Zeit wie von einem Erdbeben erschüttert. Mißtrauisch beäugte jeder jeden. Leute, die früher nichts zu melden hatten, stampften plötzlich in Stiefeln und braunen Uniformen durch die Gassen, erschreckten die ohnehin schon aufgestörten Bewohner mit markigem »Heil Hitler«, drängten sich auf die Stühle des Gemeinderats und übernahmen die Macht. Der Herr Pfarrer strich das Fegfeuer aus seinen Predigten, bot einzig Himmel oder Hölle zur Entscheidung an. Mutter sang kläglich trostsuchend »Jesus, meine Zuversicht«; Herr Zapf gewöhnte sich das Flüstern an und berichtete von sicheren Anzeichen des nahen Weltuntergangs. Nur Vater trug sein gewohntes, unbewegliches Gesicht, zog den Hut in die Stirn und sagte laut und deutlich: »Jetzt erst recht; punktum, basta!«

***

In jenem Hochsommer der Änderungen und Wandlungen endete meine ungebundene Kinderzeit. Ich kam zur Schule. Ungeduldig hatte ich auf den Tag gewartet; neugierig und frohgemut sprang ich in den neuen Lebensabschnitt. Rasch wollte ich lesen und schreiben lernen, wobei mir besonders das Lesen am Herzen lag, um endlich die vielen Bücher im Haus enträtseln zu können. Im Schulranzen klapperte die Schiefertafel. Mutters handgehäkelte Tafellappen baumelten an langen Kordeln. Im grünen Schwammdöschen steckte der nasse Schwamm, er fing schon an ranzig zu riechen, und im hölzernen Griffelkasten – hellblau mit bunten Vögeln bemalt – lagen die harten und weichen Griffel sortiert.

Die Schulanfänger, auch Erstkläßler gerufen, wurden in den Anbau der alten Volksschule gepfercht. Schräg gegenüber im Spritzenhaus werkte die Dorffeuerwehr und bot uns Schülern hochwillkommene Abwechslung. Im schmucklosen Klassenraum hockten rechts die Buben, links die Mädchen – wie schon von der Kirche her gewohnt. An der Wand qualmte und rußte ein Kanonenöfchen gegen die Kälte an. Vorn am Pult stand Herr Amann, unser Lehrer. Aus rundem Vollmondgesicht, durch dicke Brillengläser, schaute er mild lächelnd auf uns Neuankömmlinge hernieder. Herr Amann mochte

Kinder, das merkten wir sofort, und seine Güte ließ uns fügsam, ja sogar fleißig werden. Er lobte gern, freute sich über den kleinsten Fortschritt, und gab uns so das nötige Selbstvertrauen, um unbeschwert an all das Neue heranzugehen. Wenn unsere Griffel über die Schiefertafeln kratzten und kreischten, zog sich Herr Amann hinter das Pult zurück. Aus seiner unförmigen Aktentasche zauberte er Kaffee und Kuchen und nahm genüßlich eine Stärkung ein. Dabei schien er uns manchmal ganz zu vergessen, oder es kam vor, daß er dann plötzlich von Lora – dem Lorchen – zu erzählen begann. Lora, das Wundertier, der weitgereiste, bunte Papageienvogel, der mit Herrn Amann die Wohnung teilte, und ihm Frau und Kinder ersetzte. Lorchen, das sich täglich aus der Zeitung vorlesen ließ und sein Interesse daran durch erstaunlichste Zwischenrufe bekundete. Lorchen, das fern auf seiner Stange genauestens Bescheid über unser Schulleben wußte, angeblich jeden von uns kannte, und, wie wir glaubten, maßgeblich an Lob und Tadel mitbeteiligt war. Manchmal, wenn ich Herrn Amann sehr genau betrachtete, schien es mir, als ob er sich selbst in einen Papagei verwandelte. Dann tanzten plötzlich blaue Flämmchen in seinem fettigschwarzen Haar, schwer klappten die Augenlider auf und nieder, und seine Nase krümmte sich zu einem Papageienschnabel.

***

Herr Amann war mit mir zufrieden, sehr zufrieden sogar. Oft bekam ich von ihm ein Fleißbildchen zugesteckt: ein wichtiger Anlaß, um Vater in der Fabrik zu besuchen. Schnurstracks galoppierte ich dann nach Schulschluß über die Hauptstraße, warf einen flüchtigen Blick auf den Magnolienbaum, stemmte mit aller Kraft das schwere Hauptportal auf, das selbsttätig hinter mir ins Schloß donnerte. Ich lief durch den halbdunklen Gang, über den alten Steinfußboden, der auch sommers frösteln machte, schnupperte überall den schwer harzigen Tabakgeruch, polterte stürmisch die ausgetretene Holztreppe nach oben, klinkte vorsichtig die Glastür auf und stand im hellen Flur der Büroräume:

Rechts das große Kontor, aus dem zu jeder Tageszeit Herrn Bollmanns lärmende Stimme zu hören war. Neben der Bürotür das kleine Schiebefenster samt Klingelknopf, beschildert mit »Anmeldung« und »Betteln und Hausieren verboten«. Links das Privatbüro. Erst lauschte ich an der Tür, bevor ich anklopfte, lugte vorsichtshalber auch noch durchs Schlüsselloch, um sicher zu sein, Papa alleine vorzufinden.

Jedesmal, wenn ich den Vater hinter dem großen Schreibtisch sitzen sah, erfüllte mich grenzenloser Stolz. Mochte sein Blick noch so kühl und abwesend auf mir ruhen, ich gehörte zu ihm – ich teilte für Minuten sein Reich. Ich sah von der Wand die strengen Gesichter des Urgroßvaters und des Großvaters auf mich gerichtet, lächelte vergnügt zu ihren Rauschebärten hinauf; sie konnten mich nicht erschrecken, ich gehörte ja zu ihnen.

In der Ecke tickte emsig die alte Standuhr, daneben standen das wuchtige Ledersofa, die breiten Sessel, das Rauchtischchen mit der blinkenden Messingplatte. Ich warf einen Blick aus dem Fenster, hinauf zum Storchennest auf dem Dach der Brauerei, hinunter zum Magnolienbaum und auf die Hauptstraße. Dort draußen kam mir jetzt alles unwirklich fern vor. Für eine kleine Weile wurde mir wolkenleicht. Losgelöst schwebte ich über dem Städtchen, zur Einheit verschmolzen mit dem Vater, dem Großvater und dem Urgroßvater.

Papas Stimme holte mich auf festen Boden zurück. Vor ihm lag das Fleißbild. »Brav«, lobte er, »früh übt sich, wer ein Meister werden will!« Er griff zum Portemonnaie, ließ umständlich Münzen klimpern und gab mir zögernd 50 Pfennig. »Spare in der Zeit, so hast du in der Not« und, »Wer den Pfennig nicht ehrt, ist des Talers nicht wert«, mahnte er; und damit war ich auch schon entlassen.

Leise schloß ich die Tür, stand zögernd auf dem Gang und konnte der Versuchung nicht widerstehen, noch eben bei Herrn Bollmann vorbeizuschauen. Der tauchte wie ein bulliger Riese hinter hochgetürmten Aktenbergen auf, hing massig zwischen den aufgestemmten Armen, die in schwarzen Ärmelschonern steckten. »Sieh an«, dröhnte es mir entgegen »ein gar ergötzlicher Besuch. Eine fleißige Schülerin, so habe ich vernommen. Vernünftig, vernünftig, denn von nichts kommt nichts« – und dabei äugte er grimmig auf die gesenkten Lehrlingsköpfe. Und dann, unter heftigem Gelächter: »Ja, ja, der Schiller, der war ein Stiller und nicht so blöde wie der Goethe!« Der vielzitierte Lieblingsspruch des Bürovorstehers löste jedesmal größte Verwirrung bei den Zuhörern aus. Niemand verstand Sinn und Zusammenhang, trotzdem verbreitete sich augenblicklich beifälliges Grinsen und zustimmendes Kopfnicken. – Langsam schlenderte ich den Aktenschränken entlang, bestaunte tanzende Finger auf Schreibmaschinen, klemmte Bleistifte in die Spitzmaschine, ließ die Kurbel sausen, bis nur noch kleine Stümpchen übrigblieben.

Vaters 50-Pfennig-Stück klebte feucht in meiner Hand und drängte auf Verwendung. Wieder überquerte ich die Hauptstraße und schlüpfte hinein in Läufers Kolonialwarenhandlung – ins Reich der tausend Gerüche. Die Seifenecke dampfte gegen Käsewolken an, Zimtdüfte hingen über Heringsfaß und Sauerkrauteimer. Hinter der Theke, in weißer Schürze, lächelte Frau Läufer immerfroh und dienstbereit. Bauersfrauen füllten ihre Körbe mit städtischen Waren, nichtendenwollendes Geratsche und Gelächter wogte durch den Laden. Bei Sonderwünschen oder gar Reklamationen wandelte sich die sanfte Stimme von Frau Läufer zur gellenden Sirene. »Aaaalbert«, schrillte es dann gebieterisch, und alle Köpfe wandten sich zur drei Stufen höhergelegenen Wohnungstür. Gemächlich schob sich dort oben Herr Läufer ins Bild. Wohlwollend überblickte er die Kundenschar und stieg bedächtig das Treppchen hinunter zu Backsteinkäse und Heringsfaß. Wo er auftauchte glättete sich Unruhe; Gezänk und Gekeife verstummten. »Nur mal langsam«, sagte er, hob beschwörend die Hände, legte die Stirn in dicke Falten, dachte angestrengt nach und löste alle Probleme im Zeitlupentempo.

Meist fand man ihn im Wohnzimmer am Schreibtisch. Sorgfältig schrieb er lange Zahlenreihen in seine Bücher. Ließ er den Federhalter sinken, wanderten seine Blicke zum Fenster hinaus, ruhten schwer und grüblerisch auf der Hauptstraße, wanderten hinüber zum Magnolienbaum und weit hinein in Vaters Fabrikhof; oder aber, er erhob sich – nur ungern, wie es schien –, trat zur Glastür, äugte hinunter auf schwarze Kopftücher, auf faltenreiche Trachtenröcke, verweilte schließlich stillzufrieden bei seiner Cilly, die mit hochrotem Kopf zwischen Mehl- und Zuckersäcken hantierte.

Ich konnte den Herrn Läufer über alle Maßen gut leiden, zumal er auch ein Schulkamerad meines Vaters war. Traf er mich im Laden an, so führte unser erster Weg zum Zigarrenregal. Stolz betrachtete ich die vielen bunten Kistchen mit den fremdländischen Namen, die alle aus unserer Fabrik kamen. Ganz unten auf dem Boden schlich sich schon mal ein Schweizer Stumpen ein, und dann meinte Herr Läufer entschuldigend: »Das ist halt was für die Geschmacklosen und für die armen Leute.« Entdeckte er eine Lücke im Bestand rief er: »Cilly, ich muß gleich rüber zum Berthold und neue Zigarren holen!«

Meine 50 Pfennig tauschte ich ein gegen eine Tüte klebrigroter Himbeerbonbons, die Frau Läufer mittels einer Blechschaufel aus einem dickbauchigen Glas brokkelte. Zusätzlich überreichte sie mir ein »Schokolädle extra«, das ich mit wohlerzogenem Knicks entgegennahm, der mir ausnahmsweise tiefe Befriedigung verschaffte, denn alle Blicke ruhten anerkennend auf meiner Person. Ein Pluspunkt für Mutter und ihre lästigen Vorträge über »gutes Benehmen«. Vater meinte zu dem Thema nur kurz und bündig: »Denke immer daran, du bist nicht irgendwer – punktum basta!«

Oft und gern begleitete ich Mama beim Einkauf. Betraten wir einen Laden, begrüßte man uns höflichst; trotzdem schien Befremdliches von uns auszugehen. Die anderen Frauen rückten näher zusammen, die eben noch lärmende Unterhaltung kam ins Stocken oder verstummte ganz. Nur Mutters Stimme war zu hören und das Rascheln ihrer langen Bestellzettel. »Und dann die feine Fleischwurst für den Herrn, und von der echten Salami, die der Herr so gerne ißt.« Zu anderen Leuten sprach Mutter nur vom »Herrn«, wenn sie Vater meinte.

Darüber wunderte man sich im Städtchen sehr, was ich wiederum nicht verstehen konnte. Schließlich war der Vater nicht »irgendwer«, nicht »irgend ein Mann«, er war eben ein »Herr«, das mußten auch der Bäcker, der Metzger und die Gemüsefrau begreifen. Diese kleinen Absonderlichkeiten gehörten zu meinem Kinderleben, und ich genoß es, zu den »Nichtirgendwers« zu gehören. Fröhlich mampfte ich die Extra-Wurstscheiben, würgte lächelnd an geschenkter Laugenbrezel, verbiß mich tapfer in Läufers Lakritzstangen, von denen mir spätestens vor unserer Haustüre schlecht wurde. Mutter ließ dann die Taschen fallen, jagte in die Küche und rief mit hoher Stimme: »Rasch, Luise, rasch, das Kind braucht einen Kamillentee.«

***

Der Sommer hatte sich leis aus dem Tal geschlichen. Müde lagen Felder und Wiesen im blassen Sonnenlicht. Krähen stelzten über die Schollen, taumelten in düsteren Schwärmen durch die Windböen, warnten Mensch und Tier mit schnarrendem Ruf vor kommendem Schnee und Kälte. Auf den Äckern glühten Kartoffelfeuer, weiße Wölkchen kräuselten zum Himmel. Rauchgebeizt kribbelte die Luft in der Nase. Wir Kinder saßen um die Feuer, ließen Kartoffel garen und warteten auf ein neues Abenteuer – den Herbst!

Und er kam über Nacht. Mit Sturmgebraus, daß die Dachpfannen klapperten; trommelnde Regenschauer peitschten gegen die Fensterläden. Stöhnend beugten sich die dunklen Wälder im Windgeheul; Blätterwirbel fegten über das Land. Im Keller schippte Luise Kohlen ins große Maul des Kruppstahlkessels, in dem ein zischendes Höllenfeuer wütete. Klack, klack – rumorte es tröstlich in den Heizkörpern, Wärme durchflutete das Haus. Wir saßen gemütlich im Wohnzimmer, blickten uns schweigend an, lautlose Liebe spann Seidenfäden zwischen Vater, Mutter und Kind. Wir hörten nach draußen auf böse Gewalten, die uns nichts anhaben konnten. Mutter hatte die Hände gefaltet und seufzte leise: »Gut, daß wir ein Dach über dem Kopf haben.« Vater hielt ein Streichholz an die erkaltete Zigarre und brummte: »Meine armen Obstbäume!«

Dem Sturm folgte das Herbstwunder. Die Sonne kam ins Tal zurück. Die Wälder verfärbten sich, säumten das Städtchen in leuchtender Farbenpracht, als habe sich ein riesiger Regenbogen auf sie herabgesenkt. Nach Schulschluß rannten wir über das raschelnde Laub, Eicheln und Kastanien fielen auf die Köpfe, unsere Schuhspitzen stießen tief hinein in die bunten Blätterhaufen, warfen sie hoch in die Luft zu einem letzten Niederschweben. Wir rutschten über glitschiges Moos, schlugen lang auf den feuchten Waldboden und entdeckten dort den modrigen Herbstgeruch. Wir höhlten Rüben aus, bohrten Augen-, Nasen- und Mundschlitze und ließen furchterregende Fratzen entstehen. Abends setzten wir eine brennende Kerze in den Rübenkopf und geisterten damit durch die Dunkelheit. Vor jedem Haus lagen jetzt hochaufgetürmte Holzstapel. Die motorisierte Bandsäge tuckerte durch die Gassen wie ein vorsintflutliches Ungetüm. Von morgens bis abends sang sie ihr kreischendes Lied. Sie zerschnitt die Stämme zu handlichem Brennholz, das von flinken Frauenhänden in Keller und Scheunen geschleppt wurde. Es war höchste Zeit, die letzten Vorkehrungen für den Winter zu treffen.

Der alte Wanner keuchte mit seinem Krauthobel den Berg herauf, stand mürrisch im Keller vor Mutters grünen Prachtexemplaren, nahm schweigend Krautkopf für Krautkopf in die schwieligen Hände und hobelte trübsinnig den ganzen Tag vor sich hin. Vergnügt hörte Vater das Geschrappe. Seine Leibspeise im Winter war gesichert: Blut- und Leberwurst mit köstlichem Sauerkraut! Oft teilte ich mit Herrn Wanner den Kellerfrieden. Ich hockte auf einem Holzschemel neben ihm, war ebenso stumm wie er, mochte auf unerklärliche Weise seinen kuriosen Anblick und die zeitlose Eintönigkeit seiner Arbeit. Aus roten Augen sah er mich an, wie ein Angorakaninchen. Er schien an Dauerschnupfen zu leiden. Aus seiner Nase lief ständig ein dünnes Rinnsal, tropfte auf Krautkopf und Hobel und landete schließlich im Sauerkrauttopf. Aus seinem Mund ragte eigensinnig ein letzter Zahn, umspült von einem Seiferbächlein. Der alte Wanner schwieg beharrlich, nur hin und wieder richtete er sich auf, hustete, daß es in seinen Lungen brodelte, und spuckte dann wohlgezielt in die Kellerecke. Mutter schenkte ihm ein großkariertes Taschentuch, das er auch wortlos an sich nahm, aber nie benutzte. »Er ist unhygienisch«, sagte Mama beim Mittagessen; doch Vater wehrte entschieden ab und meinte: »Er hat uns bis heute nicht geschadet. Der alte Wanner bleibt im Haus, solange seine Nase läuft.« Auch Luise zog sich in den Keller zurück. Behutsam schichtete sie Eierberge in große Steinguttöpfe, goß Kalklösung darüber und machte sie winterfest.

An irgendeinem Herbstmorgen drang heftiges Gezeter aus dem Vorratskeller. Ein Igel hatte sich eingeschlichen, Frischeier aufgeklopft und ausgetrunken. Verängstigt hockte der Übeltäter in einer Kellerecke, und

Mutter rang die Hände über dem Schlachtfeld. Luise flüsterte: »Der Herr kommt«, und da stand Vater auch schon in der Tür. Selten sah man ihn morgens so gut gelaunt. »Was soll der Lärm«, beschwichtigte er, »das arme Tier ist ganz verschüchtert!« Bedächtig umkreiste er den Schalenhaufen; allzudeutlich zuckte verhaltenes Lachen um seinen Mund. »Wo mag der kleine Kerl nur hergekommen sein?« fragte er spöttisch, »die Kellerfenster sind vergittert, die Türen waren zugeriegelt?« Mutter ahnte Unerhörtes, ließ kraftlos die Hände sinken und rief: »Aber Berthold, du hast doch nicht etwa . . .?« Die Vermutung blieb unausgesprochen in der Luft hängen. Indessen stapfte Papa schon wieder die Kellertreppe hinauf und witzelte: »Ja, ja, die Langhaarigen; Schillerlokken und nichts darunter!«

Das war empörend! Ich stürzte zum Spiegel und schnitt mir ein gewaltiges Haarbüschel ab. Mama sah es mit Entsetzen, und ich konnte sie in der Küche jammern hören: »Das liebe Kind, es ist ja so sensibel.«

***

Willi, Ingrid und ich trabten zum Bahnhof. Wir hingen über der geschlossenen Schranke und sahen den vorbeiratternden Zügen nach. Lange, lange Güterzüge dröhnten durch das Tal. »Räder müssen rollen für den Sieg«, buchstabierte Willi. Soldaten drängten sich an den offenen Türen, winkten uns zu; wir winkten zurück. Sie flogen vorbei wie Gespenster. Stumm schauten wir ihnen nach, bis die große Kurve sie verschluckte. Wo mochten sie alle herkommen, und wo lag ihr Ziel? »Das waren früher alles Viehwagen«, erklärte Willi. »Das Vieh kam in den Schlachthof und wurde – peng – umgelegt.« Blödes Gequatsche, dachte ich beunruhigt, dachte jetzt fast

Räder müssen rollen für den Sieg!

unwillig an die Soldaten, die in den Krieg fuhren, weit fort, dorthin, wo es Kanonen gab, aus denen Kugeln flogen – peng. Wieder andere Züge kamen aus entgegengesetzter Richtung, rasten aus der großen Kurve heraus auf uns zu, ließen mächtig viel Dampf ab, Bremsen quietschten – standen schließlich still und versetzten den Bahnhofsvorsteher in Aufregung.

Sie waren es auch, die uns eines Tages die Umsiedler ins Städtchen spuckten. Eilends wurden am Ortsrand Behelfsheime errichtet; dort zogen die »Polacken« ein. Allgemeine Empörung machte sich breit. »Polacken im Schwarzwald; das hätte uns der Adolf nicht antun dürfen!« – Fäuste knallten auf Wirtshaustheken, zornig versicherte jeder jedem: »Hier gibt's keine polnische Sauordnung!« Auch in der Schule tauchten kleine Polakken auf. Sie wurden von uns hämisch begrinst, wenn sie nach deutschen Worten suchten. Eng zusammengedrückt saßen sie in der letzten Bank. Buben und Mädchen durcheinander – es waren ja Halbwilde! »Die Polacken stinken«, meldeten wir Herrn Amann, und er hatte seine liebe Not, Ordnung in die Klasse zu bringen. Und dann bekamen wir alle Läuse, und die Schule wurde für drei Tage geschlossen. Mutter kaufte einen Staubkamm, wusch morgens, mittags, abends meinen Kopf mit Schwefelseife und sagte böse zu Vater: »So weit habt ihr es gebracht, du und dein Hitler, das Kind leidet unter polnischen Läusen!«

In Wirklichkeit litt ich nur unter dem Schwefelgestank. Die Läuse störten mich wenig. Vergnügt zerrte ich den feinen Kamm durch die Haare und freute mich diebisch, wenn ein schwarzes Pünktchen auf dem hellen Horngriff zappelte. Ich zielte mit dem Fingernagel – knack – war die Laus erledigt. »Wie die Affen im Zoo«, kicherte Luise und griff schützend an ihren Dutt. Das Frotteehandtuch wie einen Turban um den Kopf geschlungen, saß ich am Fenster und schaute hinaus in die düstere Novemberlandschaft.

Der fröhliche bunte Garten schien alles Leben verloren zu haben. Die Farbenpracht war verblichen; die kahlen Äste der Bäume wiesen wie erstarrte Finger anklagend zum grauen Himmel; die Wälder verbargen sich hinter wallenden Nebelgardinen.

Im Bauernstübchen schrieb ich mit weichem Griffel schon ganze Sätze auf die Tafel: Vater ist klug. Mutter ist fleißig. Herr Dr. Moser ist schön. Annabelle ist noch schöner. – Das Rechnen behagte mir nicht. Da mußte alles exakt stimmen, man konnte nichts dazumogeln oder nach Laune verändern. Vater entdeckte mein Mißbehagen. »Geld regiert die Welt«, klärte er mich auf, und »wer mit Geld umgeht, muß gut rechnen können, damit kein Groschen unter die Räuber fällt.« Das sah ich ein, und die Welt wollte ich auf jeden Fall regieren. Also griff ich häufiger zum härtesten Griffel und kratzte die wichtigen Zahlen in die Rechenkästchen.

Nach den Schulaufgaben, wenn es draußen dämmerte, wenn erste Schneeflöckchen am Fenster klebten, lag ich bäuchlings auf dem Teppich und las in meinen Märchenbüchern. Ich kaute Vaters köstliche Äpfel, und Luise brachte die vorgewärmten Hausschuhe: braun-schwarz karierte Romika-Treter, schäfchenweich mit klappernden Blechschnallen. Im Schlafzimmer lagen zu dieser Jahreszeit selbstgehäkelte Bettschuhe bereit, und unter dem Plumeau stieß ich auf die glühendheiße Bettflasche aus Kupfer. Mutter und Luise werkelten abends noch lange in der Küche. Erster Lebkuchengeruch zog durchs Haus.

Doch es gelang mir nicht mehr wie früher, selbstvergessen in die Stille des Hauses einzusinken, mich in entfernten Geräuschen, in vertrauten Gerüchen zu verlieren. Das uneingeschränkte Behütetwissen der Kindheit begann mir zu entgleiten; verblaßte wie ein schöner Traum; ließ mich unruhig vorwärtsdrängend zurück. Das vordergründige Bild der Eltern zeigte erste Trübungen. Unbewußte Tastversuche nach dem eigenen Ich machten mich verschlossener und schweigsamer.

***

Endgültig zog ich mit all meiner Habe ins Bauernstübchen ein. Dort saß ich wie ein kleiner König zwischen Schulranzen, Griffelkasten und eigenen Büchern, starrte grübelnd aus den bleiverglasten Fenstern und fühlte Fremdes in mir wachsen. Neu und verwirrend war die Erkenntnis, Dinge persönlich zu besitzen, sie zu verwalten. Gierig hortete ich Bleistifte, Hefte und Zeichenblöcke, denn »böse Zeiten stehen uns bevor«, prophezeite Mutter, und im Keller führte Luise zornige Selbstgespräche, wenn sie über Vorratsberge stolperte.

Mein Taschengeld wanderte längst nicht mehr in Läufers Klingelkasse. Ich hatte ein neues Paradies entdeckt: Niemanns Schreibwarenladen. Dort konnte ich Stunden verbringen, nur schauen, vorsichtig befühlen, sachte umblättern, in halbausgepackten Kartons wühlen. Ich drang bis in hinterste Ecken vor, blies Staub von hochgebündelten Lore- und Heimatromanen, hatte keinerlei Scheu, auch hinter der Theke nach Schätzen zu forschen. Verborgen saß ich auf dem Ladenboden, neben mir die schwarzbestrumpften Beine von Frau Niemann, die mich beim Bedienen so selbstverständlich umkreisten, als sei ich ein zugehöriges Ladenteil. Während ich ins Dunkel der Regale spähte, lauschte ich interessiert dem plätschernden Singsang der redefreudigen Kundschaft: Kindstaufen und Hochzeiten, Geburtstage und Sterbefälle, das ganze Auf und Nieder des Städtchens kam bei Frau Niemann zur Sprache. Für jeden Anlaß wußte sie Rat, fand in den Tiefen ihrer unerschöpflichen Schubfächer passende Geschenke bis hin zu den schwarz umrandeten Kondolenzkarten.

Die papierene Wunderwelt wurde aber nicht nur von Frau Niemann betreut. Da gab es im weitläufigen Haus noch eine Tante Elsa, die im Notfall – holterdiepolter – über knarrende Treppenstufen angaloppierte, mit gellender Stimme schon von weitem ihr Kommen ankündigte, atemlos in den Laden spektakelte und trautes Getratsche barsch unterbrach.

Und kam es mal vor, daß beide Frauen verhindert waren, so stand das Niemann-Kind, die Gretel, auf einem kleinen Fußschemelchen hinter dem Ladentisch. Nur wenige Zentimeter lugte die Nasenspitze über die Theke. Aus dem schmalen Gesichtchen blickten ernst und forschend tiefblaue Augen. Gewandt und umsichtig erfüllte Gretel die Wünsche der Kunden. Behend wie ein Eichkater kletterte sie auf die schwankende Leiter und kroch in höchste Regale. Sie stand mit gekrauster Stirn hinter der Kasse, sortierte sorgsam jede Münze und strich behutsam Scheine glatt.

Die Gretel, nur wenig älter als ich, war mir weit überlegen. Obwohl dem Wesen nach grundverschieden, hatten wir doch eine entscheidende Gemeinsamkeit: das Aufwachsen ohne gleichaltrige Geschwister! Somit fanden sich zwei kleine, altkluge Könige zusammen, und schlossen ohne große Worte eine Freundschaft, die viele Jahrzehnte überdauern sollte.

Gemeinsam standen wir jetzt auf der Leiter, zählten Tusche- und Tintenfässer, stapelten Hefte in allen Größen, ließen Postkartenständer im Kreise tanzen, die das Städtchen noch schöner zeigten als es in Wirklichkeit schon war. Wir hockten in der Bücherecke, griffen vom Kinderbuch zu Ganghofer, bestaunten Tierlexikon und Bibel, kicherten verschämt ins Arztbuch und liebten beide Wilhelm Busch.

Manchmal, wenn keine Kundschaft im Laden war, holte Frau Niemann den großen Schlüsselbund und schloß den Glasschrank auf, in dem die Luxusware lag. Dann durften wir vorsichtig über lederne Schuletuis und Füllermäppchen streicheln, nahmen kostbare Gebetbücher mit Goldschnitt zur Hand, ließen silberne Döschen aufschnappen und bewunderten Rosenkränze in zierlicher Ausführung, während Frau Niemann ihre schärfste Brille aufsetzte und mit dem weichen Staubtuch in kleinste Ecken und Ritzen fuhr.

Mutter war zum ersten Mal mit meinem »Umgang« einverstanden. »Die Gretel, so ein liebes Kind, so still, so wohlerzogen!« Das hörte ich nun gar nicht gern, das nahm der Freundin jede Würze. Zu ihrer Verteidigung warf ich listig ein: »Aber sie geht nie in die Kirche – auch sonntags nicht!« Augenblicklich herrschte kühles Schweigen, zumal Vater noch augenzwinkernd bemerkte: »Ja, ja, Frau Niemann und die gute Elsa, das waren mal die schönsten Mädchen hier im Städtchen.«

***

Draußen tanzten Schneeflocken. Dick wie Watteböllchen wirbelten sie durch die Luft, fielen aus düstergrauem Himmel und mummten Tal und Wälder ein. Ein weißes Riesenplumeau schützte den Winterschlaf der Erde.

Lebkuchen und Springerle, Linzertorten und Christstollen standen längst im Keller, um rechtzeitig zu den Festtagen weich zu werden. In der Küche bullerte das Herdfeuer den ganzen Tag. Luise schleppte Brennmaterial aus dem Keller und warf es krachend in die Holzkiste. Mutter beugte sich mit hochrotem Kopf über das Backblech. Teigkugeln wurden platt gewalzt und reihenweise daraus »Gutsele« ausgestochen – das Waschkorbgebäck! »Waschkorbgebäck« wohl deshalb, weil die ungeheuren Mengen Waschkörbe füllten. Vater erschien an der Küchentür, nannte mich einen »Mehlwurm« und rief: »Das süße Zeug kostet mich wieder ein Vermögen!«

»Jetzt wird es ernst«, spöttelte Papa. Denn Herr Speck keuchte mit dem Tannenbaum durch die Haustür, rumorte mächtig im Salon, die Türen wurden abgeschlossen. Auf leisen Sohlen trug Mutter die Krippe vom Speicher, Luise schleppte den Christbaumschmuck hinterher. Vorlaut schepperten die Glöckchen in den Kartons. »Pst«, zischte Mama, »das Kind soll nichts hören«, und trapp, trapp, trapp, ging es vorbei am Bauernstübchen hinunter in das Weihnachtszimmer. Ich saß zwischen meinen Schätzen in meinem Reich und wartete auf den ersten Knall aus dem Erdgeschoß. Dann hatte Luise wieder eine Christbaumkugel zertreten, und der weihevolle Friede lastete nicht mehr so schwer auf dem Haus.

Mit gemischten Gefühlen sah ich dem Heiligen Abend entgegen. Vater schien sich in seinem schwarzen Anzug nicht ganz wohlzufühlen. Unruhig ging er durchs Haus und drängte: »Fangen wir doch endlich an!« Mutter bekam Wasseraugen und Zitterhände, und Luise konnte kurz vor der Bescherung nie ihre Spitzenschürze finden. Die Türen zum Salon öffneten sich. Papa zog nochmals die Krawatte stramm, und feierlich schritten wir auf den buntgeschmückten Christbaum zu.

Ich schaute in das warme Licht der Kerzen und fühlte sanfte Freude in mir. »Stille Nacht, Heilige Nacht« dröhnte es von Vaters Lippen, und aus voller Brust stimmte ich mit ein, denn Mamas Stimme kam allzuoft ins Flattern, und Luise war auch keine Stütze. Die ließ heftige Tränenbäche fließen und hielt das große Sacktuch vor die Nase. Papa sang sich in Begeisterung. Schon war er mitten drin in »O du fröhliche, o du selige Weihnachtszeit«, obwohl er genau wußte, daß er jedes Jahr Mühe mit den Strophen hatte, zum Schluß nur noch lalalate und mir allein die ganze Last aufbürdete.

»Na also«, lobte Vater nach der Singerei, »das ging doch wieder ganz vortrefflich!« Erleichtert ließ er sich in einen Sessel sinken.

Ich spürte Mutters Streichelhand auf meinem Kopf – das Weihnachtsgedicht war fällig. Nervös starrte ich auf Ochs und Esel und ratterte das Erlernte herunter – je schneller, desto besser – nur nicht stecken bleiben! Anschließend sahen mich alle erwartungsvoll an, und ich hüpfte jubelnd um meine Weihnachtsgeschenke, wohlwissend, daß ich ihnen mit meiner Freude das größte Geschenk machte. Am nächsten Morgen, meist noch im Nachthemd, schlich ich ins stille Weihnachtszimmer. Ich saß mitten im Tannennadel- und Kerzenduft und konnte endlich ungestört meine Gaben begutachten.

Am zweiten Weihnachtstag mußte Vater »seinen Kopf lüften«. Das bedeutete Frühschoppen im »Grünen Baum«. Während Papa mit seinen Freunden in der Wirtsstube saß, rannte ich die Treppe hinauf zum 1. Stock. Dort hatte Herr Fäbi in einem Zimmer seine berühmte Krippe aufgebaut.

Ich drehte am Lichtschalter und die vielen bunten Lämpchen flammten auf. Am papierenen Blauhimmel strahlte der Mond, flimmerten Sterne, von Engeln umflogen. Sandhügel zogen sich den Wänden entlang, darüber stapften die drei Könige samt schwerbeladenen Kamelen und augenrollenden Negersklaven. Im Hintergrund die Stadt Bethlehem: Paläste mit erleuchteten Fenstern, Turbanmänner und Schleierfrauen drängten zuhauf aus den Stadttoren. Hirten eilten über grüngefärbte Wattepolster, Schafherden rissen Zäune nieder, gefolgt von blutrünstigen Hütehunden. Allem voran der richtungsweisende geschweifte Stern. Die Heilige Familie hauste in einer tiefen Felsenhöhle. Darüber wölbte sich ein düsteres Steingebirge, so spärlich beleuchtet, daß man nur eben noch in den Spalten besiegte Teufel und züngelnde Schlangen erkennen konnte. Am rotglühenden Höhlenfeuer wärmte sich das Jesuskind, lagen Ochs, Esel und sogar ein Pferd, saßen auf kleinen Holzschemelchen Maria und Josef beim Vesper, Josef mit einem Bierkrug in der Hand; Maria blickte fröhlich auf ihre Laugenbrezel.

Fäbis Krippenzimmer war unerschöpflich. Jedes Jahr entdeckte ich eine Neuigkeit, die mir bisher entgangen war. »Peter«, rief der Vater von unten, aber er mußte schon selbst heraufkommen, um mich fortzuholen.

Zum Abschied verweilten wir noch kurz beim lebensgroßen Negerknaben, der auf eine »milde Gabe« wartete.

Ich warf 10 Pfennig in seinen aufgeschlitzten Bauch, und schon fing er heftig an, mit seinem schwarzen Kopf zu nicken.

***

»Das alte Jahr zu Ende ist, wir danken dir, Herr Jesus Christ« – übte der Kirchenchor. Maler Pauls Stimme durchbrach mühelos die dicken Kirchenmauern, tönte weit hinaus über den verschneiten Kirchplatz, hüpfte mutwillig hinunter bis zur Straße, kroch unter Kopftücher, Hüte und Mützen und zauberte Lächeln auf verfrorene Gesichter.

Der gestrenge Herr Hochwürden stand wieder einmal tiefbekümmert auf der Kanzel, versuchte eiserne Bande um alle frommen Herzen zu schmieden, auf daß die »lieben Brüder und Schwestern« wohlgerüstet den Anfechtungen des neuen Kriegsjahres widerständen. Im Wohnzimmer saß Herr Zapf, machte Weltuntergangsaugen und flüsterte: »Der Teufel geht um.«

Silvester versprach ein Abenteuer zu werden. Gefeiert wurde in Mutters Heimat, im großelterlichen Gregor-Haus. Vater schloß sich nachmittags im Badezimmer ein, schnaubte und prustete in der Wanne, feilte und knipste an Körperteilen, Eau de Cologne-Duft quoll aus den Schlüssellöchern. Mutter raschelte im langen Kleid treppauf, treppab, sah schön und fremd aus, und Gärtner Schoner brachte aus seinen Gewächshäusern ein erlesenes Gebinde, das Vater unfreundlich mit »Wagenrad« bezeichnete. Herr Speck erschien in grauer Livree, umkreiste mißtrauisch den »Benz« und wischte letzte Stäubchen von den Scheiben. »Alles in Ordnung, Herr Krefft«, machte er zackig Meldung. »Na, dann kann's ja losgehen«, sagte Papa gnädig, und ließ sich wohlgelaunt ins Polster sinken.

Wunderbar war es, in die Dunkelheit hinein zu fahren. Die Lichtfenster des Städtchens flogen wie Sternschnuppen vorbei, eng schmiegte sich das graue Kinzigbett an die jäh aufsteigenden Berge. »Zweiter Gang«, kommandierte Vater, und mit aufheulendem Motor verschwanden wir im Wald, knatterten durch scharfe Kurven immer höher hinauf bis dicht unter die Burgruine Geroldseck. Schaurig blickte das alte Gemäuer herab, nachtschwarz gähnten die Fensterhöhlen. Doch tief unten flimmerten schon freundlich die Lichter des nächsten Tales, grüßte von weitem das Gregor-Haus. Hochaufgerichtet ragte es in die Nacht, schoß breite Strahlenbündel aus Erker und Türmchen.

Onkel und Tanten, Cousinen und Vettern kamen aus allen Richtungen angereist, drängten lärmend durch die Haustür und schlossen sich lachend in die Arme. Onkel Julius, umschwirrt von den Tanten, nahm schmunzelnd Komplimente entgegen. Die Herren steckten die Köpfe zusammen und sahen in ihren Abendanzügen wie Pinguine aus. Wir Kinder stürmten über Treppen und Stiegen, fanden mit Freudengeheul vertraute Zimmer wieder, eroberten staubige Ecken und Winkel und erzählten uns dort die ersten Lügenmärchen.

Das Festessen war lang und lästig. Störrisch saßen die Kinder zwischen den Großen eingekeilt und hatten beste Manieren vorzuweisen. Bei Nachlässigkeiten knufften Ellbogen, heimliche Rippenstöße und Fußtritte brachten Bewegung ins steifgestärkte Tafeltuch.

Onkel Julius hielt eine Rede, drückte uns alle sozusagen an seine vorgewölbte Pinguinbrust; Papa umwarb die »holde Weiblichkeit«; der Onkel Reinhard lachte

Tränen über längst bekannte Witze, und zum Dessert gab's »Saures«, von Onkel Max und Onkel Felix angeboten. Der Ernst des Lebens kam jetzt auf den Tisch. Der Onkel Felix bangte um »das tägliche Brot« und Onkel Max vermißte klagend die Moral, und sah alle Sittenwerte schwinden.

Das alles erinnerte stark an Hochwürden, und wie in der Kirche, ließen auch hier die erst noch Lachenden zerknirscht die Köpfe hängen. Nur Vater schaute schmunzelnd hinüber zu Onkel Julius, der ungerührt bunte Eisbällchen in seine Backentaschen stopfte.

»Gleich muß ich kotzen«, hörte man den kleinen Klaus jammern, und ich begann fürchterlich zu schwitzen und litt unter der Zwangsvorstellung, sofort in gräßliches Gelächter auszubrechen. Die fröhliche Tante Meta rettete die Situation. Heftig sprang sie vom Stuhl auf und rief: »Schweigt endlich, still, ihr traurigen Juristenvögel. Noch geht es uns gut – bestens sogar – und darauf trinken wir jetzt die Bowle.«

»Machen wir es wie die Römer«, meinte der großmäulige Vetter Paul und wollte sich halbtot lachen, weil ich seine Weisheit nicht verstand. Da hatte ich endgültig die Nase voll und verschwand in die Küche. Dort saß Herr Speck bei den anderen Chauffeuren. Sie tranken Glühwein und rauchten dicke Zigarren. Und so von innen angeheizt tobten erbitterte Wortgefechte über den Tisch. Da versuchte einer den andern zu übertrumpfen: Täler wurden schöner, Fabriken größer, Zigarren besser und Autos immer stärker. Herr Speck bekam vor Aufregung eine rote Nase, und es war schon vorauszusehen, daß er demnächst ins Stottern kam. Dieser Blamage galt es vorzubeugen. Mit einem Satz sprang ich hinter seinen Stuhl und schrie: »Wir – wir haben das schönste Tal, die größte Fabrik und das stärkste Auto, und ihr seid alle armselige Arschlöcher!« – »Hoho, haha«, wieherten die Männer und schlugen auf die Tischplatte, daß der Glühwein überschwappte. Ich ergriff schleunigst die Flucht, stand erschrocken und fassungslos in der Diele, hörte immer noch das ordinäre Wort, das mir so leicht über die Lippen geschlüpft war.

Indessen hatte Onkel Julius im Musikzimmer das elektrische Klavier angeworfen. Groß und klein lagerte sich um das Geisterinstrument. Tante Meta breitete die Arme aus und sang mit sehnsüchtigen Augen: »Duuuu sollst der Kaiser meiner Seele sein . . .« Papa küßte ihr galant die Hand, löste sie ab und schmetterte: »Gern hab ich die Fraun geküßt . . .« Komisch, dachte ich, kann er also doch küssen, ist wahrscheinlich ein Heimlichküsser; und begeistert von dieser Idee klatschte ich wie wild in die Hände. Neben mir hockte der dicke Vetter Konrad, das vielgelobte, kluge Kind und rührte keinen Finger. »Bring dich bloß nicht um«, grinste er dämlich, »mein Vater ist ein Akademiker, den solltest du mal lateinisch singen hören!« Erbost schlug ich ihm auf die Knollennase und wurde eilends in ein dunkles Zimmer abgeführt. »Arschloch, Arschloch«, schrie ich ungehemmt und schlief zufrieden ein.

Leider hat dann das Feuerwerk ohne mich stattgefunden, und ich trauerte dem Schauspiel noch lange nach, zumal sich dabei Vetter Martin tüchtig den Hosenboden verbrannte.

***

Mit dem Dreikönigssingen, am 6. Januar, endeten die Festwochen im Städtchen. Der Herr Pfarrer wählte drei sangesfreudige Meßbuben aus, die frommen Kinderschulschwestern kleideten sie in prächtige Königsgewänder, ein Laternenträger führte die Gruppe an, und als Letzter folgte der Sternträger. An langer Stange schleppte er den gewaltigen sechszackigen Davidsstern, dessen batteriegespeistes Licht meist in weihevollsten Augenblicken erlosch und nur unter heftigem Fluchen und Gewirke erneut in zögerndem Flackern aufglomm.

Die Sternsinger gingen von Haus zu Haus und erfreuten die Bewohner mit alten Weihnachtsliedern. Die angebotenen Geschenke verstauten sie im mitgeführten großen Sack, der prall und schwer auf dem Rücken der Sternträger hing, und das Gleichgewicht des ohnehin launischen Davidssterns ernstlich bedrohte.

Spät abends schlug auch bei uns das Gartentürchen. Die derben Königsstiefel knirschten durch den tiefen Schnee und polterten die Steintreppe herauf. Der Sternträger wuchtete den Sechszackigen von den Schultern, stellte ihn kerzengerade bei Fuß und stimmte energisch das erste Lied an. Vater hatte schon lange im Herrenzimmer gesessen und auf diesen Moment gewartet. Weit öffnete er die Türen und bat die Schar samt schwankendem Stern in die warme, dunkle Diele.

Der altgediente Sternträger kannte Papas Lieblingslieder genau. Jedes Jahr hielt er dieselbe Reihenfolge ein. Jedes Jahr benützte er dieselben Abschiedsworte: »Und zum Schluß für den Herrn Krefft – O Jesulein.« Und das »O Jesulein-Lied« frohlockte und jubelte durchs ganze Haus, bis hinauf zum obersten Speicher, zu den alten, müden Sommerfliegen an den Dachfenstern. Auf Vaters Gesicht lag ein so glückliches Lächeln, wie es nur Kindheitserinnerungen hervorzaubern können.

Anschließend gab es Schnaps gegen die Kälte, Zigarren für den Sternträger und Päckchen für den Gabensack. Sobald sich die Haustür hinter den Königen geschlossen hatte, rannte ich hinauf zum Schlafzimmerfenster, schaute hinaus in die weiße, mondbeschienene Landschaft, sah groß und leuchtend den Davidsstern gehen, wie er schwerfällig über Wiesen und Felder taumelte, immer kleiner wurde, hinunterzog ins Städtchen und sich dort endgültig in den Gassen verlor.

***

Nicht weit von unserem Haus entfernt fielen die Wiesen plötzlich steil ab. Man blickte hinunter in die breite, tiefe Lehmgrube, die zu einer Ziegelei gehörte.

Wir Kinder fanden »das Leimenloch« schön und unheimlich zugleich. Wie ein gefährlich schillerndes Auge blinzelte es uns lockend zu. Im Sommer war es dort unten sumpfig. Die Füße versanken im kühlen Lehmboden, brauner Brei drängte sich zwischen die Zehen und schien uns festsaugen zu wollen. Jeder neue Schritt entlockte dem Morast ein widerwilliges Schmatzen. In schilfbewachsenen Tümpeln hausten zahllose Frösche. Tag und Nacht tönte ihr Gequake aus der Grube, obwohl die Buben eifrig auf der Lauer lagen und mit wohlgezielten Steinwürfen versuchten, den Schreiern zu Leib zu rücken. Vom Steilhang her starrte das schwarze Loch eines früheren Stollens. Vorsichtig pirschten wir hinauf, huschten wenige Meter in den Eingang, lauschten angestrengt in die Erde hinein, äugten scharf in die lauernde Finsternis, immer in der Erwartung, daß sich hier Geheimnisvolles zu erkennen gäbe.

Ganz anders sah das Leimenloch im Winter aus. Der wabbelige Boden war steinhart gefroren, die grünen Heuler waren längst verstummt. Adrett und sauber lag die weiße Schneedecke über Abhängen und Mulden. Jetzt füllte das Geschrei der Kinder die Grube. Scharenweise kamen sie mit Rodelschlitten angezogen und flogen mit Juchhe die steilen Abfahrten hinunter. Die Angsthasen hockten geduckt auf ihren Schlitten und bremsten krampfhaft mit den Füßen. Die Mutigen schmissen sich bäuchlings auf ihr Gefährt, schossen Kopf voraus in die Tiefe; oder aber es bildeten sich regelrechte Rodelzüge, wobei der Vordermann den nachfolgenden Schlitten an abgespreizten Füßen ankoppelte.

Ich gehörte leider zu den Angsthasen. Meistens saß ich oben am Abhang, beobachtete die Kameraden und hatte nur »ein großes Maul«, wie sie mir mit Recht vorwarfen. Mein Mundwerk klappte erst dann zu, wenn mir jemand einen hinterhältigen Stoß versetzte, und ich mit ausgefahrenen Bremsbeinen über die Piste stäubte. Unten angekommen blieb ich zunächst zornig auf meinem Schlitten sitzen und ärgerte mich grenzenlos über das ängstliche Herzklopfen, das bis in meine Ohren dröhnte.

Ich mußte unbedingt noch einmal hinaufsteigen, mußte noch einmal die Abfahrt wagen – punktum basta. Mit zusammengebissenen Zähnen erreichte ich die Höhe, klemmte schweigend den Schlitten zwischen die Beine, kniff die Augen zusammen und brauste los, raste abwärts ohne zu bremsen und landete krachend auf dem Eis der Tümpel. Ich hatte es geschafft, hatte den verdammten Abhang bezwungen, konnte ungehindert meine Beobachtungen weiterspinnen und Kommentare nach allen Seiten hin verteilen. Recht hatte Papa: »Dem Mutigen gehört die Welt.«

Zu Hause kramte Mutter auf dem Speicher und beförderte Vaters alte Skier ans Tageslicht. Willi hatte sich erboten, sie ins Rathaus zu bringen für die Soldaten in Rußland. Ich begleitete ihn und trug die Stöcke. »Was die jetzt für eine Reise machen«, meinte er nachdenklich, und: »Wer sie wohl bekommt? Vielleicht einer aus unserer Gegend?« – »Bestimmt wird es ein Leutnant sein«, dachte ich laut, »so schön wie sie noch aussehen«. Darüber konnte Willi nur böse lachen. »Du hast ja keine Ahnung! Leutnants sitzen in Autos oder Flugzeugen; die Skier sind für die einfachen Landser, für die armen Frontschweine, die sich für uns den Arsch abfrieren.« Immer brachte es der Willi fertig, die schönsten Gedanken zu zerstören. Doch schon hatte ich eine neue Idee: »Wir schicken ihm eine Botschaft! Mensch Willi, wird der sich freuen. Das wird ihm warm machen und ihm siegen helfen.« Willi schaute mich erst verblüfft an, dann begriff er und klappte sein rostiges Taschenmesser auf. Ich diktierte und er ritzte gut lesbar in die schwarze Farbe: »SIEG + GUTE HEIMKEHR WÜNSCHEN ANNABELLE + WILLI.« – »Das ist ein dicker Hund«, murmelte Willi anerkennend, und wir ließen die Skier nicht mehr aus den Augen, bis sie am Bahnhof in große Güterwagen verladen wurden und sich der Zug langsam in Bewegung setzte.

»Wenn ich so an meinen Vater in Frankreich denke«, überlegte Willi, »der ist dauernd am Siegen und kalte Füße kennt der auch nicht. Der säuft nur noch Champus und Likör, und Mutter bekommt Parfum in Literflaschen.«

***

Auf dem Schreibtisch im Herrenzimmer lag der geöffnete Weltatlas. Vater beugte sich über die Europakarte, zeichnete bunte Schlangenlinien ein, die sich vor- und rückwärts verschoben. Anfangs schien ihm diese Beschäftigung viel Freude zu machen, doch mit der Zeit wurde er immer grämlicher dabei und führte halblaute Selbstgespräche: »Es scheint wieder nicht so zu klappen, wie man sich das vorgestellt hat. Sabotage – hinten und vorne!«

In der Firma wurde die Zigarrenfabrikation eingeschränkt. Für Führer, Volk und Vaterland bauten tabakbraune Hände Zeitzünder zusammen. Meister Lehmann erschien nur noch in Uniform und achtete streng darauf, daß keine Schraube verloren ging. »Der Endsieg hängt von jedem einzelnen ab«, belehrte er die Leute und wagte sogar Herrn Bollmann hierauf hinzuweisen, der ihn prompt mit einem Aktendeckel bedrohte.

Die Frühstückseier verschwanden vom Tisch, und beim Mittagessen fehlte das Dessert. »Hilf dir selbst, so hilft dir Gott«, orakelte Papa und entschloß sich zur Geflügelzucht.

Herr Speck wälzte Drahtrollen in den Garten und errichtete auf dem Wäscheplatz einen Hühnerhof. Vater entwarf Baupläne für das Hühnerhaus. Fenster, Klapptürchen, Legenester, Sitzstangen – alles wurde bedacht und ausgemessen. Dr. Kremers eilte herbei, vergaß kurzfristig die Äpfel und erteilte wichtige Bauratschläge. Eindringlich plädierte er für den Anbau einer »Sommervilla«, bestehend aus überdachter Sitzstange mit halbhohem Regenschutz, der gleichzeitig den trockenen Futterplatz ermöglichte. Der Schreiner lieferte Maßarbeit. Herr Speck pinselte den grünen Außenanstrich, und Mutter wählte die Hühnervögel aus.

Als erster stolzierte behäbig ein Rhodeländer Zuchthahn mit drei Hennen durch Haus und Hof; fünf aufgeregte Leghorn gesellten sich hinzu, und zum Schluß hüpften vier bunte Italiener aus ihrer Kiste und stürzten sich streitsüchtig auf die inzwischen schon Alteingesessenen. Gockel Hansi kam bedächtig angeschritten, sträubte zornig die Federn, teilte rechts und links Schnabelhiebe aus und brachte Ordnung in den gackernden Haufen.

Die Hühner brachten neue Farbe in den Tagesablauf, waren aber, »was den Suppentopf anbetrifft, eine glatte Fehlinvestition«, wie Vater sachlich feststellte, denn niemand konnte sich vorstellen, die braven Eierleger zu schlachten. Sie wurden vielmehr zu lieben Hausgenossen, umhegt und gepflegt von der ganzen Familie. Mutter, Luise und ich hatten endlich Notventile für überschüssige »Gefühlsduselei«. Frühmorgens wachten wir auf, wenn Hansi seinen kraftvollen Weckruf ausstieß, in den sofort die benachbarten Artgenossen einfielen. Papa erschien grimmig am Badezimmerfenster und schrie Richtung Hühnerstall: »Schnabel halten, du alter Krakeeler!« Nach dem Frühstück schüttete Luise Körnerfutter in die Tröge, brachte frisches Wasser und hielt lange Zwiegespräche mit den nickenden Köpfen.

Behutsam hob ich die weißen und braunen Eier aus den Legnestern und bot zur Belohnung Brotrinden an. Das Hühnervolk tanzte um mich herum, grub die Köpfe tief in meine Hände, suchte zwischen den Fingern nach letzten Krümchen und ließ sich geduldig streicheln und kraulen. »Mittags gibt's Warmes«, ordnete Mama an. Luise stampfte gekochte Kartoffelschalen und Essensreste zu einem dicken Brei, den sie je nach Laune mit Fischmehl oder Kleie würzte. Draußen rannte dann schon die Hühnerschar am Drahtzaun auf und ab und steigerte sich zu wildem Flügelschlagen, wenn die große Schüssel in Sichtweite kam.

Einmal täglich hatten die Hühner Ausgang. Streng bewacht durften sie auf dem Wäscheplatz grasen. Die Gutartigen hackten dankbar im Grün, während die Bösewichter lüstern nach Mutters Frühbeet schielten und jede Gelegenheit nutzten, um einen Großangriff dorthin zu starten. Der endete dann mit viel Geschrei und Gegacker und sofortigem Rückmarsch in den Stall.

Wenn im Frühjahr und Herbst der Gemüsegarten umgegraben wurde, hatten die Hühner Festtage. Ungehindert hüpften sie durch die braunen Furchen und zerrten lange Regenwürmer aus der Erde. Selbst bei diesen Orgien bewies mir Gockel Hansi seine Freundschaft. Kam ich auf ihn zugelaufen, so unterbrach er das Schlingen, ließ sich willig auf den Arm nehmen und durch Garten, Küche und Keller tragen. Mit halbgeschlossenen Augen hörte er meinen Erzählungen zu, würgte japsend am verspeisten Regenwurmkloß, der schwer und zappelnd in seinem Kropf hing und zurück in den Hals drängte.

»Jetzt fehlt nur noch ein Schwein«, sagte Luise und erinnerte an die fehlenden Blut- und Leberwürste für den Herrn. Doch Vater winkte energisch ab, hielt sich schaudernd die Nase zu und löste das Problem auf einfachere Weise:

***

Wir unternahmen die erste Hamsterfahrt zum Großbauern Bührer. Im Kofferraum lag ein riesiges Zigarrenpaket, unter Wolldecken verborgen. Zigarren gehörten inzwischen ebenso zur Mangelware wie Wurst und Schinken. Papa saß selbst hinter dem Steuer, erklärte Kompensationsgeschäfte und deren Geheimhaltung.

Wir verließen die große Straße und fuhren durch ein

abgelegenes Seitental. Im Schatten alter Baumriesen rauschte der Forellenbach. Im fröhlichen Wechsel fügten sich Wiesen und Felder aneinander, verschmolzen zu einem bunten Karomuster, das sich bis an die Waldränder schmiegte. Wie eine festgefügte dunkle Wand erhoben sich die Tannenwälder zu allen Seiten, drängten hinauf bis zu den Berggipfeln, umgrenzten das liebliche Bild des Tales mit einem wuchtigen schwarzen Rahmen. Enten und Gänse kamen uns entgegen, Jagdhunde umtobten das Auto. Vor uns lag breit auseinanderfließend der Bauernhof. Das gewaltige Hausdach zog sich tief über Wohnung, Ställe und Scheunen, umschloß schützend eine komplette Welt im Kleinstformat. Herr Bührer stand vor dem Hoftor. Breitbeinig, die Hand in die grüne Weste geschoben, ein pfiffiges Lächeln im rotbackigen Gesicht. »Ich bin ein Waldbauer«, pflegte er stolz zu sagen, und stellte dabei mit ausholender Geste seine Wälder vor. Vater nannte sie »die schwarzen Goldminen«, und das hörte Herr Bührer besonders gerne. Er spuckte den kalten Zigarrenstummel aus und schob uns hinein in die große Bauernstube.

Auf dem Kachelofen schnurrte die Katze, unter dem blankpolierten Tisch balgten sich die Jagdhunde. Frau Bührer brachte Speck und Brot und bekam flatternde Glitzeraugen, wenn Papa sie mit einer Heckenrose verglich.

Fasziniert starrte ich auf Herrn Bührer. Bedächtig spießte er dicke Speckscheiben auf die Messerspitze, schob zielsicher die scharfe Schneide zwischen die gelben Zähne, ohne daß je ein Tröpfchen Blut aus den Lippen quoll. Nach dem Vesper legte Herr Bührer die grüne Weste ab, fädelte die Daumen unter die Hosenträger und lehnte sich zufrieden auf dem ächzenden Stuhl zurück.

Vater stellte ein Zigarrenkistchen auf den Tisch, und Frau Bührer holte die Schnapsflasche. Ich setzte mich auf die Ofenbank, fühlte zärtliche Wärme über den Rükken gleiten, lauschte dem sanften Schnurren der Hauskatze und teilte mit ihr traumhaftes Wohlbehagen. Drüben, über dem Tisch, hingen schwere Rauchschwaden. Das Gesicht von Herrn Bührer glich jetzt der roten Abendsonne, tauchte wie sie im Nebel auf und nieder. In regelmäßigen Abständen klirrten die Schnapsgläser. Wie aus weiter Ferne erreichten mich Wortfetzen, drängten sich in meine Wachträume. Erzählungen von Treibjagden, von kapitalen Hirschen, deren Köpfe grauverstaubt und vorwurfsvoll von den Wänden glotzten. Ich hörte vom Besuch des Fürsten zu Fürstenberg, der sich ganz wie ein einfacher Mann benommen habe, und der den schwarzen Goldminen hochherrschaftlichen Jagdglanz bescherte. Im Herrgottswinkel, direkt unter dem Kreuz, hing ein als kostbar gehütetes Foto, auf dem der Fürst zusammen mit Herrn Bührer zu bewundern war. Frau Bührer umkränzte es liebevoll mit Tannenzweigen, und Papa versäumte bei keinem Besuch das Bild mit gebührender Aufmerksamkeit zu betrachten.

»Sie sollten den dicken Hermann mal einladen«, schlug Vater vor, doch da wurde Herr Bührer bös. »Wie kann man den Fürsten anschauen und von ›dem Hermann‹ reden. Der Fettwanst ist mitschuldig, wenn uns die verdammten Franzosen auf den Hals kommen.« – »Gott verschon' uns von dem Übel«, Frau Bührer schlug erschrocken ein Kreuzzeichen und sinnierte: »Wenn die erst die Kinzig raufkommen, holzen wir ab und versperren das Tal, daß kein Durchkommen mehr ist.« – »Neger sollen sie auch mitschleppen«, brummte Herr Bührer.

»Pfui Teufel, eher steck' ich den Hof an, eh daß ein Schwarzer in meiner Stube hockt.«

»Neger sind nicht schlimm«, meldete ich mich von der Ofenbank, »sie kommen aus dem Morgenland und sind zum Jesulein gelaufen. Wenn man ihnen Geld in die Hose steckt, nicken sie freundlich mit dem Kopf.« Ich dachte an den Mohrenknaben vor Fäbis Krippenzimmer und wunderte mich sehr, daß Erwachsene die wichtigen Dinge so leicht vergaßen.

»Kinder und Narren sagen die Wahrheit«, gab Frau Bührer zu bedenken und beleidigte mich damit schwer. Ich hatte schon eine bissige Antwort auf der Zunge, die ich mir aber noch rechtzeitig verkneifen konnte, da mir Vaters Wursthunger einfiel. Und prompt schien der Gedanke überzuspringen: Papa kam auf das Kompensationsgeschäft zu sprechen, und Herr Bührer rief vergnügt: »Aber sicher, Herr Krefft! Sie sorgen für den Dampf und ich für die Speckseiten.« – »Punktum basta«, bekräftigte Papa, »was weg ist, ist weg, da langt kein Fremder mehr hin!«

Frau Bührer verschwand in der Rauchkammer und kehrte mit einem hochgehäuften Korb zurück, der eilends im Kofferraum unter den Wolldecken vergraben wurde. Herr Bührer schnüffelte begeistert am Zigarrenpaket und beschloß, es vorsichtshalber unter dem Heu zu verstecken.

Bester Laune kurvte Vater den Forellenbach entlang. Eine Hand am Steuerrad, in der anderen die dicke Zigarre. »Das wird ein Festessen werden«, schmunzelte er. »Wir müssen sofort den Zapfheiner und sein Kochlöffelgeschwader benachrichtigen. Schlachtplatte à la Berthold muß er kreieren und hinterher Apfeltorte vom besten Tafelobst.«

Die Lebensmittelknappheit spornte Herrn Zapf zu Höchstleistungen an. Hinter der verschlossenen Küchentür knetete und walkte er seine Überraschungsmenüs, während die Eltern und ihre Gäste neugierig Küchendünste schnupperten und besorgte Blicke auf die Uhr warfen. War dem Heiner in der Küche ein Malheur passiert? Dann endlich öffneten sich die Türen. Herr Zapf erschien mit beschlagener Brille, dirigierte die dampfenden Schüsseln und Platten ins Eßzimmer und verkündete begeistert: »Heute habe ich mich wieder selbst übertroffen!«

Häufig saßen Vaters Malerfreunde mit am Tisch. Der fröhliche Herr Lederer, dessen Kopf wie ein blankpoliertes Osterei aussah, spärlich von einem Halbkreis blonder Löckchen umkraust – und der Herr Gottlieb, hager und kantig mit wildblickenden Augen und langen, gelben Pferdezähnen.

Herr Lederer nannten wir den »Öler«, weil er in Öl malte. Herr Gottlieb pinselte Aquarelle und hatte den Spitznamen »Logenbruder«. Mutter sprach das Wort mit deutlicher Mißbilligung aus, woraufhin Papa ärgerlich klarstellte, daß Logenbrüder äußerst ehrenwerte Menschen seien. Ich war ganz seiner Meinung. Hörte ich Loge, so witterte ich Zirkusluft, und ich nahm an, daß der Herr Gottlieb ein ebenso begeisterter Zirkusbesucher war wie ich. Seiltänzerin wollte ich werden! Im Scheinwerferlicht auf- und niederschweben, umjubelt von einer Menschenmenge, die irgendwo im Dunkel saß. Tag und Nacht beschäftigte mich dieser Wunschtraum, den ich weder Vater noch Mutter erzählen konnte. Ich ahnte, daß ich damit in die Nähe des ungeliebten Onkels Alfred rückte. So blieb mir denn nichts anderes übrig, als hin und wieder verständnissinnig dem verblüfft schauenden

Herrn Gottlieb zuzuzwinkern. Dabei stellte ich mir mit Vergnügen sein offenes Pferdegebiß vor, wenn ich zum ersten Mal im winzig kurzen Röckchen vor seiner Loge tanzen würde . . .

Vater nahm regen Anteil am Schaffen seiner Freunde. Oft betrachtete er halbfertige Bilder und äußerte persönliche Wünsche, die meistens berücksichtigt wurden. »Hier fehlt noch eine Bauersfrau, dort ein paar Tiere, und Vögel auf die Bäume – viele Vögel – ihr wißt doch, wie sehr ich sie liebe!« Neuerstandene Gemälde bekamen Ehrenplätze im ersten Stock, wanderten dann später ab in die 2. und 3. Etage und fanden endlich Ruhe auf dem Speicher unter alten Teppichen.

Herr Lederer wurde nach dem Krieg Professor an einer Kunstakademie. Papa sprach lachend »vom großen Sohn des Städtchens«. Eigenhändig zog er die ausrangierten »Ölschinken« wieder ans Tageslicht.

Im gedämpften Licht des Treppenhauses lächeln noch heute die Bauersfrauen, äugen Kühe und Ziegen aus dunkelgrünen Wiesen, buntgefiederte Vogelscharen warten vergeblich auf den freundlichen Blick des Hausherrn, der sie vor langer Zeit auf die Leinwand zaubern hieß.

***

Über den Wäldern tauchten plötzlich Flugzeuge auf. Mit eintönigem Brummen zogen sie wie große Vogelschwärme über das Tal. Vater und ich standen auf der Wiese und starrten hinauf zu den schwarzen Punkten. Aus der Flugrichtung las Papa die Angriffsziele ab: »Das gilt Stuttgart, das dem Rheinland!«

Am Krieg zerbrach täglich ein Stück Altgewohntes. Die Angst vor der ungewissen Zukunft schweißte das Städtchen auf eine neue, ungekannte Art zusammen. Erbittert kämpfte jeder um das Restchen »Heile Welt«, das noch geblieben war. »Nur nicht an morgen denken«, hieß die Parole!

Luise schrubbte den kleinen Luftschutzkeller. Ein altes Eisenbett wurde aufgeschlagen, Mutter türmte Konservendosen auf – den Notvorrat. Herr Speck zog die Schrauben an den schweren Hebelschlössern nach, prüfte immer wieder das Öffnen und Schließen der dikken Tür und brummte kopfschüttelnd: »Gas kommt da auch durch.« Ich stand auf der kleinen Eisenleiter – dem Notausstieg, der hinaus unter die dichten Rhododendronbüsche führte –, sah mich schon einsam unter dem Blätterdach hocken und hatte jetzt auch Angst; Angst vor etwas Unvorstellbarem!

In immer kürzeren Abständen heulte die Sirene vom Rathausdach. Wir schauten längst nicht mehr zum Himmel, dachten nicht mehr an fremde Städte; wir fühlten uns selbst bedroht. Bei Fliegeralarm stürzte Luise durchs Haus, riß die Fenster auf – zuerst die bemalten, die bleiverglasten –, Mama schleppte in einer Hand die Eisenkassette, in der anderen den Wertkoffer. Ich raste hinterher die Kellertreppe hinunter und betete: »Lieber Gott, laß es nicht passieren – heute noch nicht!« Aneinandergepreßt standen wir hinter der gassicheren Kellertüre, lauschten hinaus ins geliebte Haus, fühlten uns lebendig eingesargt, hilflos den nächsten Minuten ausgeliefert . . .

Luise wurde zum Schutzwall. Die Hände um die Hebelschlösser gekrallt, bot ihr breiter Rücken Deckung für Mutter und Kind. Wie ein gereiztes Tier vor dem Sprung war sie bereit, sich jeder Bedrohung von außen entgegenzuwerfen. »Jetzt sind sie über uns«, stellte sie fest und schien dabei noch gewaltigere Ausmaße anzunehmen. Das Wissen um die höchste Gefahr hatte fast Befreiendes an sich. »Herr erbarme dich unser«, betete Mutter mit fester Stimme, und »Vater unser, der du bist im Himmel!«. Unser Beten übertönte das Dröhnen und Heulen, es wuchs zu einer unbezwingbaren Säule empor, die wir vertrauensvoll umklammert hielten.

Das Benzin wurde knapp. Herr Speck baute den Lastwagen zum Holzvergaser um. Grimmig schürte er das Feuerchen, saß rußgeschwärzt im Führerhaus, ratterte eingewolkt in Rauchschwaden zwischen den Filialen hin und her und hatte unzählige Pannen. »Da kommt der Speck mit seiner Dampfmaschine angekrochen«, lachten die Arbeiter, und Herrn Specks ohnehin kummervolles Gesicht wurde noch betrübter und faltenreicher.

Vier junge Offiziere kamen ins Haus. Sie saßen lange mit Vater im Herrenzimmer und fuhren anschließend mit unserem »Benz« davon. Lachend stiegen sie in das Kabriolett und winkten uns übermütig einen Abschiedsgruß.

Trotz der Sommersonne schien Mutter zu frösteln. »Verbrecher«, würgte sie über schmale Lippen und dann verbittert: »Kanonenfutter!« »Ich bin in der Fabrik«, sagte Vater barsch. Beim Weggehen glättete er sorgfältig die tiefen Radspuren auf dem Kiesweg. Mit eisernem Gesicht löschte er die letzten Zeichen des geliebten Autos aus.

Noch am selben Tag kaufte Papa ein schwarzes Herrenfahrrad. Verloren stand es in der leeren Garage. Herr Speck betrachtete es mit Abscheu und murmelte: »Soweit sind wir gekommen!« Wütend nahm er das zurückgebliebene Autopoliertuch zur Hand, schlug verächtlich erste Stäubchen von dem Stahlroß und verteilte kleine Öltröpfchen auf der Radkette.

Vater zeigte sich von seiner neuen Fortbewegung begeistert. »Radfahren ist gesund, es stärkt die Muskeln«, verkündete er überall. Mit Klammern wurden die weiten Hosenbeine zusammengrafft, schwungvoll flog sein Bein über die Stange, und mit würdig abgebremstem Tempo, nach rechts und links grüßend, fuhr Papa den Berg hinunter. »Aha«, grinste der Willi, »jetzt ist dein Vater auch auf das Rad gekommen.« – »Simpel«, sagte ich von obenherab und trat ihm blitzschnell gegen das Schienbein.

***

Vielleicht war das Fahrradfahren mit schuld daran, daß Vater seine frühere Leidenschaft für den Sport wiederentdeckte. Mit äußerstem Mißfallen beobachtete er die Leistungen des örtlichen Fußballvereins. »Alles Schlappschwänze«, stellte er kurz und bündig fest und tüftelte an einem harten Trainingsprogramm. Seine Vorschläge wurden mit Begeisterung aufgenommen, und nicht nur das, die Sportfreunde baten ihn, das Amt des Vorstands zu übernehmen.

Mutters Empörung war grenzenlos: »Das kannst du nicht machen; du blamierst die ganze Familie!« Sanft beschwörend bis hin zu heftigsten Wutausbrüchen versuchte sie Vater abzuhalten – ihn zu retten – wie sie es ausdrückte. Fußball war für Mama eine beleidigend rohe Sportart, ausgeführt von hirnlosen Tretern, schweißtriefenden, primitiven Burschen. Die Herzanfälle häuften sich. Herr Dr. Moser geisterte mit besorgter Miene zu ungewöhnlichsten Tages- und Nachtzeiten durchs Treppenhaus. Vaters Gesicht gefror zu einem Eisblock. Herr Zapf, der Mutter zu Hilfe eilte und ein ernstes Wort mit dem Berthold reden wollte, wurde von Papa unfreundlich mit »Betbruder« tituliert und verließ daraufhin fluchtartig das Haus.

Vater nahm das Amt an. Statt Sport sprach er von Leibeserziehung, und selbst der dümmste Treter begriff, daß ab sofort jeder zu parieren hatte, und daß es seine verdammte Pflicht und Schuldigkeit war, Ruhm und Ehre ins Städtchen zu kicken.

Für Mama brach eine Welt zusammen. Ihre schlimmste Befürchtung schien einzutreffen: den Vater an die Flüsterseelen seiner Jugend zu verlieren, an das ungeliebte Städtchen in dem sie selbst immer eine Fremde geblieben war. Zerbrochen lagen die Wunschträume, die den Mann zum Herrn, ja zum Überherrn erhoben hatten. Sie saß jetzt oft zusammen mit Herrn Zapf und dem gestrengen Hochwürden im Wintergarten, sprach von »übler Kumpanei« und prophezeite düster: »Wer sich in Gefahr begibt, kommt darin um!« Zustimmend nickten die Herren mit den Köpfen, tranken aus winzigen Gläsern Mutters selbstgebrauten Johannisbeerlikör und lehnten es strikte ab, von Vaters Zigarren zu rauchen.

»Das Hauptmalheur ist die seelische Verrohung«, rief Herr Zapf mit ferngesteuertem Fegefeuerblick; der Herr Pfarrer aber breitete mild lächelnd seine Arme über Palmen und Kakteen aus und meditierte endlos lang über »die innere Größe des Verzeihens«.

***

Zwischen den Eltern fielen nur noch die notwendigsten Worte. Unversöhnlich trennten sich ihre Wege. Ich blieb auf der Kreuzung zurück und mußte mich entscheiden, wem ich folgen wollte. Mutters Liebe drohte mich einzuspinnen und wegzureißen vom Vater, der seinerseits so gar nichts unternahm und mich einfach zappeln ließ. Schon fing er an, auch mich zu übersehen, eine Herausforderung, die mir die Entscheidung leichter machte.

Trotz der anklagenden Blicke von Mama begleitete ich Papa sonntags auf den Sportplatz. Zufrieden und stolz ging ich neben ihm her – er gehörte zu mir, ich gehörte zu ihm! »Mich kriegst du nicht so schnell los«, dachte ich, blinzelte ihm dabei übermütig zu und drückte mal eben kurz seine Hand.

Wir saßen zusammen auf der Holzveranda des kleinen Clubhauses, und ich schrie und lärmte so begeistert mit der Menge, daß mich Vater hin und wieder sanft verweisend in die Rippen stupste. Das Fußballspiel selbst interessierte mich wenig. Den krummen, stacheligen Beinen konnte ich nichts abgewinnen, das Gehechel nach dem Ball fand ich langweilig, und mit der ekligen Schweißtrielerei hatte Mutter auch recht. Was mir gefiel, war die Begeisterung der Menschenmenge, die auf mich übersprang. Ich entdeckte das befreiende Gefühl, ein Lustempfinden ungehemmt hinauszuschreien.

Es kam auch vor, daß Vater mit dem Spielverlauf nicht zufrieden war. Dann verließ er wütend seinen Ehrenplatz, umkreiste hutschwenkend das Spielfeld, trieb die müden Balljäger zu neuen Höchstleistungen an und rammte mit dem Spazierstock tiefe Löcher in die Wiese.

Je näher der Krieg rückte, umso hektischer stürzten sich die Flüsterseelen ins Vereinsleben. Vater machte da keine Ausnahme. Nach dem Abendessen radelte er in eines der 17 Wirtshäuser: Zum Gesangverein, zum

Kleintierzuchtverein, zum Sportverein, zum Schwarzwaldverein. Erfolgslos wetterte Hochwürden gegen den »Tanz auf dem Vulkan«. Die Menschen bangten um ihre Lebensfreude. Hinter den Festserien verbarg sich ein Aufbäumen in letzter Minute. Gemeinsam wurde Frohsinn ertrotzt, das Leben mit beiden Fäusten gepackt, geschmeckt, geschlürft und ausgekostet.

So sehr war das Städtchen mit sich selbst beschäftigt, daß der neue Barackenbau an der Kinzig nur wenig Aufmerksamkeit fand. »Ein Befehl von oben« hörte man sagen, und aus Erfahrung klug geworden übersah man geflissentlich die Baustelle, die rasch zu einem KZ – bevorzugt Straflager genannt – heranwuchs. »Ausgerechnet bei uns«, murrten die Leute. »Erst die Polacken und jetzt Sträflinge aus allen Herren Länder – sogar Russen sind dabei!« »gut Nacht um acht«, brummelte Herr Speck in der Küche, »wenn das mit dem Endsieg nicht klappt, schlagen uns die KZler die Schädel ein«.

Und dann waren sie über Nacht da. Die Sträflinge in ihren schwarz-weiß gestreiften Kitteln und Hosen; die bulligen Aufseher mit Gewehren und Schlagstöcken. Morgens rückte das Lager in Zweierreihen aus. Flankiert von den Uniformierten humpelten die Strafgefangenen durchs Städtchen, die Augen starr auf den Boden gerichtet, als zählten sie täglich aufs neue jeden einzelnen Pflasterstein. Vorbei an der Kirche, am »Grünen Baum«, quälten sie sich den Berg hinauf; schlurften, stolperten und fielen den Anhöhen entgegen. Prügelhiebe zischten durch die Luft, Kommandos bellten. Lautlose Verzweiflung fraß sich in Wiesen und Felder. Hilflos die Sträflinge; hilflos die Bürger, die dem Anblick auswichen und erleichtert aufatmeten, wenn der gespenstische Zug im Wald verschwand.

Weitab auf dem »Vulkan«, einem alten Bergwerk, trieben die Gefangenen neue Stollen in den Fels. Dort sollten Fertigungsräume für eine unterirdische Rüstungsfabrikation entstehen. Dumpf grollten die Explosionen, der Sprengungen über das Tal.

Immer wieder zog es mich in mein Versteck hinter dem Hühnerhaus. Geduckt, von unbestimmtem Zwang hinbefohlen, beobachtete ich die Gefangenen. Längst war mir das gleichbleibende Vorübertaumeln bis zum Widerwillen bekannt, trotzdem starrte ich jedesmal angespannt hinüber zu den gekrümmten Rücken. Irgendwann mußte dort etwas passieren. Wenn sie doch nur ein einziges Mal schreien, brüllen würden! Es waren doch Menschen – oder etwa nicht? Warum flößsten sie mir solche Angst ein mit ihrem bleiernen Schweigen? Ich haßte ihr geducktes Vorwärtskriechen, dachte an die Steine am Wegrand und wartete darauf, daß ein Gestreifter sich endlich aufrichtete und fürchterlich zurückschlüge.

Vielleicht trug sich der alte Fisch-Schmieder mit ähnlichen Gedanken. Es war Obsternte, und täglich stapfte er über seine Wiesen hinter unserem Haus und sammelte das Fallobst ein. Wenn die Sträflinge bergan zogen, legte er lange Pausen ein, und schaute ihnen grübelnd nach. Und eines Tages erfüllten sich durch Herrn Schmieder meine langgehegten Erwartungen:

Schon frühmorgens sah ich ihn die gefüllten Eimer zum Bergweg schleppen, und als die traurige Kolonne auftauchte, schleuderte der alte Mann entschlossen den ganzen Obstsegen zwischen die gestreiften Beine. Sekundenschnell lösten sich die Zweierreihen; ein schreiendes Menschenknäuel stürzte sich über die Äpfel. Ebensoschnell, kauend und mit prall gefüllten Taschen entwirrten sich die Menschenleiber, bevor die Aufseher zuschlagen konnten. Es war, als wäre in ihnen neues Leben erwacht. Fast leichtfüßig, in den gewohnten Zweierreihen, eilten die Gefangenen dem Wald entgegen, und es kam mir vor, als hätten die gekrümmten Rücken aufrechtere Haltung angenommen.

Herr Schmieder stand zwischen den umgekippten Eimern und nahm schweigend die Vorwürfe der Uniformierten entgegen. Ich schlich erleichtert aus meinem Versteck. Der Bann war gebrochen; die Starrerei hatte ein Ende.

***

Evakuierte aus dem Ruhrgebiet kamen ins Tal. In jedem Dorf hielten lange Eisenbahnzüge. Frauen und Kinder quollen aus den Waggons, saßen müd auf ihren Koffern und warteten auf das zugewiesene Quartier. Die Bewohner des Städtchens rückten noch enger zusammen. Alle leeren Zimmer und Kammern wurden beschlagnahmt. »Diesmal sind es wenigstens Eigene« seufzten die Leute, und betrachteten trotzdem voll Mißtrauen die neuen Hausgenossen. Bei uns zogen im 3. Stock Mutter und Kind aus Bochum ein. Sie wohnten im Fremdenzimmer, und neben der dackelfüßigen Badewanne stand jetzt ein kleiner Kochherd. Schon tagelang vorher war ich damit beschäftigt, meine Schätze aus dem Bügelzimmer in Sicherheit zu bringen: Puppenbett mit Puppen, der große Kaufladen und der getreue Bello wurden ins Bauernstübchen geschleppt. Dort nahmen sie soviel Platz ein, daß ich nur noch mit Mühe zum Herrgottswinkel kriechen konnte. Eingeigelt hockte ich da und bewachte grimmig meine Habe.

Ich mochte die Eindringlinge nicht, und daß das Kind ein Mädchen in meinem Alter war, paßte mir am allerwenigsten. Nett sah die Lilo dazu auch noch aus, so nett, daß Willi bei ihrem Anblick dämliche Froschaugen bekam. Was mich aber am meisten reizte, war ihr duldsames, sanftes Wesen. Mit ausgeklügelten Bosheiten bis hin zum Haarausreißen, versuchte ich immer wieder, sie nur ein einziges Mal in Rage zu bekommen. Wir hätten vielleicht Freundinnen werden können, wenn sie nur einmal zurückgeschlagen hätte. Aber nein; sie sah mich nur groß an, schluchzte so verdammt erbärmlich und flüchtete in den 3. Stock. Ich war mir meiner Unarten voll bewußt und schämte mich insgeheim, wenn ich unten auf der Treppe saß und sie oben weinen hörte.

Doch ich mußte sie weiter quälen! Hinzu kam noch, daß ihre Mutter elegantere Kleider hatte als meine Mama, und daß ihr Vater lange, glänzende Stiefel trug und in einer zackigen Uniform steckte. Wenn er zu Besuch kam, rauchte Papa mit ihm die dicksten Zigarren und uns befahl er streng, »den Mund zu halten«. Es kam mir der häßliche Verdacht, Vater fürchte sich vor dem Fremden. Das paßte nicht in mein Vaterbild und schürte meinen Haß aufs neue. Indem ich Liselotte schlug, versuchte ich die alte Ordnung wieder herzustellen.

***

Inzwischen besuchte ich die 3. Volksschulklasse. Das Lernen fiel mir leicht, die gestellten Aufgaben langweilten mich. Meine wirklichen Lehrmeister waren die vielen Bücher in unserem Haus. Ich liebte sie alle, obwohl ich erst wenige kannte. Behutsam nahm ich sie in die Hände, tastend glitten die Finger über harte und weiche Einbände. Ich steckte die Nase zwischen die Seiten und stellte entzückt fest, daß jedes Buch einen eigenen Geruch ausströmte. Erregung befiel mich, wenn ich die langen Bücherreihen betrachtete. Jahre würden vergehen, bis ich sie alle gelesen hätte; zahllose Entdeckungen und Abenteuer standen mir noch bevor. Ich las ungehindert und wahllos, ließ mich vom Buchgeschehen forttragen in Vergangenheit und Zukunft, lebte in fremden Städten und Ländern, segelte über ferne Meere, nahm Sieg und Reichtum entgegen, und vergoß bitterste Tränen über Unglück und Tod. Kleine Abschiede waren es dann, wenn ich ein ausgelesenes Buch zur Seite legte und plötzlich neugeweckte Fragen aufstiegen, die mir unbeantwortet in der Kehle klumpten.

***

Mit den Evakuierten war auch der Studienrat Dr. Feller ins Städtchen gekommen. Erwachsene und Kinder wichen scheu zur Seite, wenn er sich tiefgebeugt – durch eine Rückgratverkrümmung –, an den Häusern entlangschleppte. Doch war es weniger der Anblick des gepeinigten Körpers, der Furcht einflößte; vielmehr versuchte man den fiebrig glühenden Augen auszuweichen, die in einem fahlen Gesicht brannten und jeden Vorübergehenden zu versengen schienen. »Er ist eben ein Gelehrter«, zischelten die Flüsterseelen und entschuldigten damit gleichzeitig den Teufelsblick. Vorsichtig Abstand haltend brachten sie dem eigenartigen Fremden sogar eine gewisse Sympathie entgegen, denn eh und je hatte man im Städtchen ein ausgesprochenes Faible für »das Besondere«.

Nie wurde Dr. Feller in der Kirche gesehen; also gehörte er zu den Gottlosen, und schon entbrannten die beliebten Meinungsduelle. »Gott hat ihn für seinen geistigen Hochmut mit Krankheit gezeichnet«, predigten die Frommen selbstbewußt. Die Nörgler und Zweifler steckten ihrerseits die Köpfe zusammen und grübelten: »Wenn einer so belesen und gescheit ist und nicht an Gott glaubt?«

Als bekannt wurde, daß Dr. Feller die Absicht hatte, im Städtchen Hauptschulunterricht zu erteilen, begann sich auch die Jugend für ihn zu interessieren. In den höheren Klassen siebten die Volkschullehrer unbarmherzig den Weizen von der Spreu, und stolz scharten sich die auserwählten Intelligenzler um den Studienrat. Obwohl ich für die Altersstufe noch zu jung war, sah ich jetzt eine Chance, aus dem Einerlei meiner 3. Klasse auszubrechen. Ich beschloß mir einen Platz unter den älteren Schülern zu ertrotzen. »Was die können, kann ich schon lange«, sagte ich zu Papa und bekämpfte krampfhaft eine plötzlich aufsteigende Unsicherheit. Zum ersten Mal würgte mich die ekelhafte Angst vor der eigenen Courage, und ich hoffte im Stillen, daß Vater meinen Wunsch abweisen würde. Doch nichts dergleichen geschah. Kühl lächelnd sah er mich an, ein wenig erstaunt zwar – so, als hätte er an mir ein neues Kleid entdeckt. »Wenn du der Meinung bist, dann versuch es eben«, antwortete er kurz und wandte sich schon wieder seiner Arbeit zu.

Am nächsten Tag, nach dem Unterricht, stand ich vor dem alten, wurmstichigen Pult unseres Klassenlehrers. Hier lag der dünne Rohrstock, jederzeit bereit, auf faule Schülerhände niederzusausen, hier stapelten sich die schmuddeligen Hefte meiner Klassenkameraden, zerbeult und zerknittert, voller Eselsohren –, hier hatte das abgegriffene Klassenbuch seinen Platz, in das Herr Kausch mit knirschender Spitzfeder alltäglich wichtige Eintragungen kratzte. Das alles sollte nun für mich vorbei sein.

Zögernd trug ich mein Anliegen vor, sah auf zu dem müden, schmalen Gesicht meines Lehrers, fühlte schwer den forschenden Blick auf mir ruhen und nahm knicksend, fast wie im Traum, seine Einwilligung entgegen. Ein letztes Mal eilte die spitze Feder durch mein Zeugnisheft. Dort stand dann unter Bemerkungen zu lesen: Der Schülerin kann wegen ihrer guten Leistungen jetzt schon die Reife für die Hauptschule zuerkannt werden.

Vater unterschrieb wortlos. Mutter legte das Zeugnis ins Blumenzimmer und las Herrn Zapf und Herrn Hochwürden den wichtigen Satz mehrere Male vor. »Ich habe es ja gewußt«, sagte sie glücklich lächelnd, »das Kind ist sehr begabt«.

***

Während unten im Tal die kleinen Dinge des Lebens ausgehandelt wurden, dröhnte oben am Himmel das monotone Gebrumm der Bomberverbände. Wir hatten uns daran gewöhnt. Der Wertkoffer stand jetzt immer im Luftschutzkeller. Luise bekam Ärger mit Mama, weil sie die Fenster nicht mehr schloß und Regengüsse ins Haus prasselten. »Hat doch keinen Sinn«, maulte sie, »gleich kommen die nächsten!« – »Verdammte Schlamperei«, wütete Papa, »das Haus verschimmelt, eh' die erste Bombe gefallen ist!«

Dann rasten plötzlich die Jabos im Tiefflug über das Städtchen. Sie fielen wie Steine aus dem friedlichen

Himmel, jagten mit aufkreischenden Motoren über Wiesen und Felder, beschossen Mensch und Tier. Die Leute lagen jetzt buchstäblich im Dreck. Auf dem Schulweg unterhielten wir uns nur noch leise, und sobald der giftig sirrende Ton der niederstoßenden Jagdbomber die Luft zerschnitt, warfen wir uns flach auf die Erde. Bauch und Nase an den Boden gedrückt, hörten wir die tödliche Gefahr über uns hinwegfliegen, hoben dann vorsichtig die Köpfe in Richtung der hämmernden Schüsse, sahen graue Staubwolken aufsteigen.

Ein bevorzugtes Angriffsziel war die Eisenbahnstrecke und damit auch der kleine Bahnhof. Die hohläugigen Fenster hatte man mit Pappdeckel abgedichtet, doch der Wind zwängte sich ungehindert durch die Einschußlöcher in den Mauern und pustete dem fluchenden Bahnbeamten Fahrkarten und Papierkram um die Nase. Das einzig Stabile im ganzen Gebäude war noch das Kanonenöfchen im Wartesaal. Dahinter verkroch sich der geplagte Beamte, wenn vom Rathaus die Sirene schrillte. Doch noch Schlimmeres sollte er erleben.

Er wurde quasi Augenzeuge, wie ein französisches Jagdflugzeug abstürzte. Wie ein fauler Apfel fiel es mitten auf den Bahnhofsplatz, spuckte nochmals sprühende Feuergarben, bevor es explodierte. Das Städtchen hielt kurz den Atem an. Dann strömte jung und alt zum Unglücksort, umkreiste in weitem Bogen – teils sprachlos glotzend, teils wild palavernd die Trümmer, die schon streng dienstlich abgesichert und bewacht wurden vom stattlichen Oberpolizisten Laeser und dem nervös gestikulierenden Bahnbeamten. Auf einer Bahre lag ein längliches schwarzes Etwas: der Franzose, geschrumpft und ausgedörrt, ganz ähnlich einem ausgeglühten Holzscheit.

Der brave Bahnbeamte wurde durch dieses Geschehen zu einem geschätzten Gesprächspartner. In jedem Wirtshaus umdrängten ihn staunende Zuhörer, wenn er zum hundersten Mal den Bericht »seines« Absturzes auftischte. Großzügig nahm man die ständig wechselnden Ausschmückungen hin. Er entwickelte sich zum begabten orientalischen Märchenerzähler.

Es schien fast so, als wollten die Franzosen ihr verlorenes Flugzeug bitter rächen. Die Jabos heulten in immer kürzer werdenden Abständen über das Tal. Sie glichen den gierigen Stechmückenschwärmen, die im Hochsommer ins Städtchen einfielen und alle Kreatur piesackten. Trotz allem Ungemach: Noch »ruhte die Hand Gottes über uns«, wie es der Herr Pfarrer ausdrückte; noch war kein Menschenleben zu beklagen.

Man hatte sich daran gewöhnt mit der Gefahr zu leben. Kaputte Fensterscheiben wurden vom Glaser Falk schnellstens erneuert oder praktischer durch Pappdeckel ersetzt, die gleichzeitig Verdunkelung für die Nacht boten. Hausbesitzer zählten die Einschußlöcher vor dem Zukleistern, stellten dann abends im Wirtshaus fest, wen die Franzmänner besonders aufs Korn genommen hatten.

Herr Wetterer, dessen Gärtnerei an der Bahnlinie lag, hob tiefe Gräben aus, worin die Gärtnersleute Schutz suchten, wenn die Flugzeuge ankreischten. Aber ausgerechnet hier, wo so viel Vorsorge getroffen war, schlug die Faust des Krieges tödlich zu: Fünf Wetterer-Kinder lagen im Graben unter einem Baum, als die Jabos erst die Gewächshäuser in Scherbenhaufen verwandelten, dann wiederkehrend, die ganze Gärtnerei mit Schüssen beharkten, den Graben mit den Kindern nicht auslassend.

An diesem Nachmittag endete die heile Welt meiner Kindheit. Das über alle Jahre hinweggerettete Lächeln auf den Gesichtern erlosch. Starr, als wären sie mitgestorben, standen die Dorfbewohner auf dem Friedhof. Flüsterseelen, die plötzlich nicht mehr flüstern konnten, sahen hin zur kleinen Kiste, in der das Wenige lag, was von den Wetterer-Kindern noch gefunden wurde: Wo war die Ilse – meine Schulfreundin? Die Ilse mit den langen rot-blonden Zöpfen? Die Ilse, die gestern noch neben mir in der Mathematikstunde gesessen hatte, mir Resultate zuflüsterte, weil ich mich gar zu dumm anstellte? Wo war sie jetzt? Ein letztes Mal mußte ich sie sehen! Nachts saß ich am Fenster und starrte hinauf zum schwarzen Himmel. »Ilse, liebe, liebe Ilse«, unzählige Male beschwor ich den leeren Raum. Das war nicht mehr mein Kinderhimmel. Dort oben blinkte kein Stern. Die Sterne waren untergegangen. Die Hand Gottes gab es auch nicht mehr. Es gab nur noch mich und die Kälte in mir, und die immer wiederkehrenden Träume: vom Graben und vom Baum, in dessen Ästen rot-blonde Zöpfe hingen.

***

Das Kriegsende stand bevor. Die Franzosen beschossen die Kreisstadt. Der Wind trug das dumpfe Kanonengrollen über die Wälder bis in unser Dorf. Verlassen waren die Wirtshäuser, der Schulunterricht fiel aus, Meister Lehmann trug wieder Zivilkleidung, die Volksempfänger schwiegen. Durch die Straßen hasteten deutsche Soldaten, zerlumpt, mit grauen Gesichtern. Alle hatten nur noch einen Wunsch: zu überleben! Herr Speck ratterte mit dem hochbeladenen Holzvergaser zu

Herrn Bührer, und wühlte dort einen Großteil des Zigarrenlagers unters Heu.

Luise hob nachts im Gemüsegarten tiefe Löcher aus und versenkte große Holzkisten, in denen das gute Porzellan schepperte. Vater leuchtete mit der Taschenlampe und überwachte das Ganze. Im Heizungskeller stand rabenschwarz Herr Speck, bewegte die Kohlenberge und schaufelte Mutters Silberkasten ein. Hoch aufgeschichtete Brennholzwände verbargen Wein- und Schnapsflaschen. Frau Seiboldt keuchte mit Schmalz- und Eiertöpfen auf den Speicher und ließ sie in dunkelsten Dachwinkeln verschwinden. Papa hatte sich im Herrenzimmer eingeschlossen, rumorte lautstark am Schreibtisch und verbrannte aussortierte Papierstöße im Heizkessel.

Hochwürden kam nochmal ins Haus und versprach, uns alle in sein Gebet einzuschließen. Mutter legte ihre kostbaren Elfenbeinfigürchen in seine Aktentasche zu Brevier und Rosenkranz. »Von oben« wurde die Verteidigung des Städtchens befohlen. Die Hiobsbotschaft schlug wie eine Bombe ein. Vorbei war es mit den weißen Leintüchern, den Friedensfahnen, die jedes Haus schon heimlich bereit hielt. Eine neue Bekanntmachung empfahl den Bürgern während der Kampftage im Stollen des »Vulkan« Schutz zu suchen. Die heillose Verwirrung war komplett!

Inzwischen hatte sich das entfernte Kanonengrollen zu nahen Donnerschlägen entwickelt. Der Feind – oder neuerdings – »die Befreier«, waren in das Kinzigtal eingedrungen. Ähnlich den Hochwasserfluten, im Frühjahr überschwemmten und besiegten sie Städtchen und Dörfer, aber von unten her! In unserem Haus ging jetzt alles drunter und drüber. Es wurde eingepackt, wieder ausgepackt, versteckt und vernichtet. Mutter eilte Treppen hinauf und hinunter und riß im Vorübergehen den schönen Krefftschen Stammbaum von der Wand. Klirrend zerschellte das Meisterwerk von Maler Gottlieb in der Abfallgrube. »Nazi-Größenwahn«, sagte Mama böse und stülpte den Holzdeckel über Modergeruch und Ahnengalerie. Vater streifte die leere Wand mit einem kurzen Blick – wortlos. Damals begannen die langen Jahre seines Schweigens.

Abends rumpelte der Holzvergaser durch die Einfahrt. Matratzen, Wolldecken, Nahrungsmittel, Koffer und Taschen wurden aufgeladen. Mutter, Luise und ich, in dicke Wintermäntel vermummt, quetschten uns dazwischen, hockten wieder einmal eng aneinandergepreßt, in gemeinsamer Angst zusammenwachsend. Ich lugte durch die kleine Scheibe ins Führerhaus, schaute auf die hin- und herpendelnden Köpfe von Papa und Herrn Speck und fühlte mich getröstet. So schlimm konnte es nicht werden. Wir waren ja alle zusammen, fuhren gemeinsam ins Dunkle. Etwas wie Geborgenheit breitete sich auf dem störrisch bockenden Holzvergaser aus. In diesen Nachtstunden machte sich das ganze Städtchen auf die Beine. »Auszug aus Ägypten«, bezeichnete Herr Zapf später die Szene.

Mit Handwagen, Leiterwägelchen, mit Fahrrädern oder lastengebeugt zu Fuß, drängte sich die Menschenmenge den Waldhöhen entgegen; verstummt, mit leeren Gesichtern, nurmehr den vorwärts eilenden Füßen gehorchend. Der Weg der KZler war der Unsrige geworden! Am schwarzen Himmel standen Leuchtkugeln – bunt wie Lampions. Die hämmernden Schüsse hinter den Bergen peitschten die Gespensterschar voran.

Zum ersten Mal sah ich den »Vulkan«. Unheimlich zackte die Felswand in die Nacht, schien mit gekrallten

Fingern nach den Wolken zu fassen. Hier gab es kein Weiterkommen. Nach allen Seiten hin erhob sich das himmelanstürmende Gestein. Wie ein weit aufgerissenes Maul gähnte der Stolleneingang und verschlang die schier endlose Reihe von Vätern, Müttern und Kindern. Eine ganze Stadt verschwand in felsiger Unterwelt.

***

Erst ängstlich zögernd, dann verwundert staunend, vorwärts gestoßen von den Nachdrängelnden, immer tiefer zogen wir hinein ins Berginnere. Es gab keine bedrückende Enge. Breit dehnte sich der Stollengang, so breit wie eine Landstraße. Hoch wölbten sich die Felswände, so hoch, daß wir die gewaltigen Steinmassen vergaßen, die uns lebendig begruben. Glühbirnen baumelten an langen Ketten, erinnerten an Sommernächte und Gartenfeste. Zu beiden Seiten des Ganges ließen sich die Familien nieder, breiteten die mitgebrachte Habe aus, emsig darum bemüht dem feuchten Boden ein wenig heimische Wärme abzuringen. Stimmgewirr füllte das Steingewölbe, floß ineinander zu auf- und abschwellendem Brummen und Summen.

Der Stollen glich einem Bienenstock. Frauen flatterten den Felswänden entlang, Männer zimmerten Notbetten, grenzten die eigene Wohnfläche mit Kisten und Kasten zum Nachbarn hin ab. Kinderscharen schwirrten unter den Glühbirnenketten, rannten sich die verhaltene Angst und Aufregung aus dem Leibe. Später dann krochen sie eingewöhnt und beruhigt zu Vater und Mutter. Nichts Schlimmes konnte geschehen – wir waren alle zusammen, waren uns noch näher als im Städtchen, konnten uns gegenseitig in die Betten sehen. Müde neigten sich die Köpfe, demütig die Herzen. »Der Herrgott läßt uns nicht verkommen«, flüsterte Luise und packte mich in Wolldecken ein. Ich blinzelte zum Steinhimmel hinauf, Glühbirnen verwandelten sich zu Sternen, hin und wieder fielen schwere Wassertropfen aus dunkler Höhe, so als ob der Berg weinen würde. Am nächsten Tag schlichen Kundschafter ins Städtchen. Sie erspähten nur flüchtende deutsche Soldaten. Die »Befreier« ließen sich Zeit. Im Stollen herrschte Sonntagmorgenstimmung. Man wandelte den Gang auf und nieder und machte Besuche. Man hockte auf Kisten oder lagerte in Gruppen auf Behelfsbetten. Hochwürden lächelte fremd und überirdisch. »Das macht sein Gottvertrauen«, sinnierten die Flüsterseelen und begannen zaghaft mitzulächeln. Aus Herrn Zapfs Augen hingegen schossen Blitze. Furchterregend hallten seine Worte. Er hatte ja das Unheil kommen sehen; er hatte gewarnt! Drohend sprach er von »Gottes Zorn« und alle wünschten sich schnell den Herrn Pfarrer herbei, der das sanfte Engelslächeln im Gesicht trug.

Herr Dr. Moser, schmuck und schön wie immer, trug seine Arzttasche spazieren und machte Visite. Mutter saß still und regungslos auf einem Stuhl und lauschte mit leeren Augen in sich hinein. Ich war stolz auf Mama, weil sie keinen Herzanfall bekam. Vater gefiel mir weniger. Er stand mit Meister Lehmann zusammen, tuschelte und flüsterte und beide zeigten offensichtlich Angst. Papa sprach vom Volksturmmantel, der bei uns im Besenschrank hing, und Meister Lehmann verzweifelte am großen Hitlerbild, das noch in seinem Wohnzimmer prangte. »Da hilft kein Beten«, sagte Vater, »wir müssen heute nacht hinunter und das Zeug vernichten«. Und sie gingen – und kamen wieder – nach vielen Stunden, wie es uns schien. Mutter saß immer noch starr auf ihrem Stuhl. Papa hatte ein ganz graues Gesicht, lag stöhnend auf einer Wolldecke und schluckte Dr. Mosers Beruhigungspillen. Am nächsten Tag standen die »Befreier« vor dem Stolleneingang.

***

In Zweierreihen, ebenso zögernd, wie bei unserem Einzug, traten wir wieder hinaus ins Tageslicht und starrten erschrocken in braune Marokkanergesichter. Die Turbanmänner zeigten größte Ähnlichkeit mit dem Negerknaben vor Fäbis Krippenzimmer, nur daß sie statt Geldmünzen jetzt Uhren und Ringe einsammelten. Vater schaute böse auf sein nacktes Handgelenk, und Mutter spendete zusätzlich noch ihren silbernen Rosenkranz. Später hat Papa darüber noch oft garstige Witze gemacht. Herr Speck stocherte schon am unversehrten Holzvergaser; wir fuhren nach Haus und waren wieder daheim.

Schlimm sah die Villa aus. Die Türen aufgebrochen, Schränke und Schubladen entleert. Tausend Sachen häuften sich kunterbunt auf den Fußböden, quollen über Treppenstufen, hingen sogar im altehrwürdigen Kronleuchter des Treppenhauses. Doch im Kohlenberg hatte niemand gewühlt. Unbeachtet war auch der Gemüsegarten geblieben, wo harmlose Salatköpfe über dem tiefversenkten Tafelservice wuchsen, und wohlbehalten schlummerten Mutters Elfenbeinfigürchen im geschützten Pfarrhaus.

Die Fabrik war beschlagnahmt. Stundenlang umkreisten Papa und Herr Bollmann das Fabrikgelände. In vorsichtiger Entfernung folgte Meister Lehmann, mit gesenktem Kopf. Immer wieder blieb Herr Bollmann stehen und peitschte dem Unglücklichen vergangene Sünden um die Ohren: Er, und nur er war damals der erste, der lauteste Heil-Schreier gewesen; er trug die Hauptschuld, war wesentlich mitbeteiligt an der ganzen gottverdammten Sauerei!

Der Zorn von Herrn Bollmann war grenzenlos. Wie angewurzelt stand er vor dem Fabriktor, und sah dort drinnen auf dem kurzgeschorenen Rasen haufenweise seine geliebten Aktenordner liegen. Und immer noch flogen neue aus den Bürofenstern, öffneten sich zu schwarzen Rabenvögeln, trudelten schwer in den Magnolienbaum und spuckten weiße Papier-Blätter über die Äste. Aus den Lagerfenstern regnete es Zigarren. Braune Schauer ergossen sich auf den Fabrikhof, häuften sich zu Hügeln und kleinen Bergen.

Am selben Abend noch, die Flüsterseelen saßen abgeriegelt durch die Sperrstunde in ihren Häusern, feierten die Marokkaner ein Siegesfest im Fabrikhof. Die Zigarren wurden angezündet und über dem beißenden Qualm drehten sich Hammel an langen Spießen. Zigarrenrauch legte sich über das ganze Städtchen, kroch durch Türritzen und Schlüssellöcher, streichelte Hütten und Häuser, nebelte zum Friedhof hinunter und kletterte am Kirchturm empor. Vater hatte sich im Herrenzimmer eingeschlossen. Mutter und ich saßen vor der verschlossenen Tür um ihm ein wenig nahe zu sein. »Er weint«, sagte Mama, und ihre Augen, die so oft in Tränen schwammen, waren jetzt ausgedörrt, verwelkt und abgestorben. Panische Angst ergriff mich. Ich schrie: »Das ist nicht wahr, das kann nicht wahr sein!« Ich stürzte die Treppe hinauf in mein Zimmer, stampfte wie wahnsinnig auf den Fußboden, schrie immer wieder: »Es ist nicht wahr!«

Er mußte mich hören dort drunten, er durfte nicht weinen – alles, alles würde wieder gut werden – und wenn ich es erzwingen müßte, ich ganz allein!

Früher kamen die Befehle von den Hitler-Leuten, jetzt kamen sie von der französischen Ortskommandantur. Insofern hatte sich nichts geändert. An Befehle und deren Ausführung war man gewöhnt. Darüber nachzudenken oder Fragen zu stellen, brachte nur Ärger. Das dicke Fell – oder besser – das innerliche Unbeteiligtsein am Handeln hatte zur Folge, daß viele Menschen keine Fehler erkannten, weder in der Vergangenheit noch in der Gegenwart begangene, und somit auch keinen Nutzen aus ihrer Zeit ziehen konnten.

Die naziverdächtigen Männer des Städtchens mußten mit Hacke und Spaten antreten und die KZler ausgraben. »Was soll's,« sagten sie zu Papa, »wichtig ist nur, daß Sie Zigarren mitbringen gegen den Gestank.«

Ein französisches Komitee ließ Knochen sortieren und versuchte die Identität der einzelnen Toten festzustellen. Schreiner Blum karrte Särge an, die dann in der Stadthalle aufgestellt wurden. Zum großen Trauerakt mußten alle Schulkinder erscheinen. Wir trugen kleine Blumensträuße, und niemand verstand die französische Ansprache des Curé. Das war auch weiter nicht schlimm. Wir wußten eben mal wieder nicht recht, warum wir hier standen – es war nichts Neues. Wir starrten auf die vielen Särge, die einen so seltsam süßlichen Geruch ausströmten.

***

Zu Hause herrschte schon wieder Aufregung. Einquartierung hatte sich angesagt. Colonel Cussac bezog

das schönste Schlafzimmer. Vor dem Haus auf der Steintreppe hockte Ali, der marokkanische Diener. Stunde um Stunde, Tag für Tag; immer auf derselben Stufe erstarrte Ali in orientalischen Träumen und durchbohrte mit seinen Kohlenaugen den Schwarzwaldhimmel. Erst wenn die Stiefel seines Herrn neben ihm auftauchten oder dieser ihm Befehle aus dem Fenster zurief, erwachte der braune Mann zum Leben.

Vom ersten Augenblick an eroberte der schneidige Colonel mein Herz. Ein Traumbild hatte Gestalt angenommen; er war der Inbegriff meiner Romanhelden. Wenn er an mir vorbeiging – schön, fremd und unerreichbar –, fühlte ich höchste Wonne und Feuersqual zugleich. Kurz nach seinem Einzug requirierte er ein Klavier im Städtchen und ließ es in der Diele aufstellen.

Ab sofort benützte Vater nur noch den Kücheneingang; er umging damit den »schlappen Wüstensohn« vor der Haustür und das unpassende Musikinstrument im Entree. »Und sowas konnte den Krieg gewinnen«, grübelte Papa erbost im Eßzimmer und zischte mit höhnischer Flüsterstimme: »Vive la grande Nation!«

Mama lächelte versonnen vor sich hin und stellte zwei silberne Kerzenleuchter auf das schwarze Möbel. Herr Cussac bedankte sich überschwenglich. Er küßte Madame die Hand, und ich wurde schier ohnmächtig vor Eifersucht.

Abends, wenn Vater schon im Bett lag, mit dicken Wattepfropfen in den Ohren, und »Die Kaiserjäger« las, entzündete der Colonel die Kerzen und musizierte. Die Salontüre stand einen Spalt geöffnet, dahinter lauschte vermutlich Mama. Ich saß auf meinem Logenplatz, oben im Dunkel des Treppenhauses. Ich spähte hinunter ins Kerzenlicht, ließ meine Augen zögernd weiterwandern und versinken im glänzend schwarzen Haarschopf des wundersamen Kriegers. Jetzt endlich hatte ich ihn ganz für mich allein. Sehnsucht nach etwas Unbekanntem machte mich ratlos. Ob das vielleicht die Liebe war, von der ich schon so viel gelesen hatte?

Im Nachbarhaus wohnte die Geliebte: Eine blonde Frau, die ungeniert im Nachthemd auf ihrem Balkon stand und meinem Colonel Kußhände zuwarf. Herr Cussac lehnte lachend am Fenster und schleuderte Zigarettenpäckchen über den Zaun. Manchmal verfehlte er das Ziel, und die Liebesgaben fielen in unsere Ligusterhecke. Dann sprang Ali aus seinen Träumen, zwängte den weißen Turbankopf zwischen die grünen Blätter und brachte die Räucherstäbchen hinüber zur Nachthemd-Dame.

»Skandalös«, sagte Mama, »ganz einfach skandalös von einem Mann mit sonst guter Lebensart.« – Das Wort »skandalös« gefiel mir über alle Maßen. Es war geheimnisvoll und aufregend. Kritisch betrachtete ich mein Spiegelbild und flüsterte entschlossen: »Später werde ich meine Haare blond färben, ich werde grellbunte Schminke ins Gesicht malen, ich werde Zigaretten rauchen, und dann werde ich einen Mann mit Samtaugen lieben. Ich will seine skandalöse Geliebte werden!« Herrlich lag die Zukunft vor mir – atemberaubend –, ich brauchte ihr nur noch entgegenzuwachsen. Nur noch eine kleine Weile!

Die Musikabende fanden ein viel zu schnelles Ende. Colonel Cussac wurde abkommandiert. Ali schulterte die Koffer und schwankte wie ein Dromedar den Kiesweg hinunter. Der Colonel beugte sich nochmals über Mutters Hand, und am Hoftor stand die skandalöse Nachthemd-Dame und schnüffelte in ein Taschentuch. Ich saß verborgen hinter der Ligusterhecke und fand dort

– oh Wunder – ein aufgeweichtes Zigarettenpäckchen, das noch lange in meiner Schatztruhe vor sich hin stänkerte und an den feschen Colonel erinnerte.

Das Klavier wurde abgeholt; Vater rückte Sessel, Tisch und Sofa an die alten Stellen, und konnte endlich wieder ohne Ohrpfropfen im Bett lesen. Mutter suchte ein neues Versteck für die überflüssig gewordenen Kerzenleuchter und murmelte besorgt: »Wer weiß, was jetzt kommt?« Und wie rasch sollten sich ihre düsteren Ahnungen betätigen.

***

Ausgerechnet in unser Städtchen wurde ein französischer General versetzt. Auf der Ortskommandantur zerbrach man sich nicht lange den Kopf darüber, welches Haus geeignet war und den Wünschen des Generals und seiner Familie entsprach: Zwei Männer aus dem Dorf, die jetzt in französischen Diensten arbeiteten, teilten Vater in dürren Worten mit, daß innerhalb 24 Stunden die Villa geräumt sein müsse. Nur persönliche Dinge durften mitgenommen werden. Als Ersatz bekamen wir ein kleines Häuschen zugewiesen, dessen Besitzer unseretwegen ausziehen mußte. »Sie haben sich genau an den Befehl zu halten«, sagten die beiden Männer zu Papa, und ein widerwärtiges Grinsen schleimte um ihre Mundwinkel.

Jetzt bringt er sie um, dachte ich entsetzt, aber Vater nahm nur die Zigarre aus dem Mund, spuckte auf den Boden und schmiß die Haustür zu. Drinnen gab es keine Szenen, kein Klagen, keinen Herzanfall. Stumm schauten sich die Eltern an, wuchsen zusammen in gemeinsamen Schmerz und Verzweiflung. »Das Kind muß weg«, sagte Mama mit brüchiger Stimme, stand schon am Telefon und bat Tante Meta mich aufzunehmen.

Ich konnte und wollte nicht mehr begreifen, was sich um mich herum tat. Ich beobachtete die Vorgänge im Haus wie ein grausiges Kasperltheater. Alle Menschen, die ich lieb hatte, verwandelten sich in Puppen, die ungereimt durcheinander zappelten. »Es ist nur ein böser Traum«, redete ich mir ein, »gleich wirst du aufwachen.« Vater telefonierte mit unbekannten Leuten – Hörer auf, Hörer ab, dazwischen donnerte seine Faust auf den Schreibtisch. Mutter und Luise rannten durch die Zimmer, Frau Seiboldt und Frau Brugger keuchten durch die Küchentür und jammerten: »Jesus, Maria und Joseph, die schöne Villa!« Prustend und schwitzend, mit glühend roter Glatze eilte Herr Bollmann ins Herrenzimmer, und Herr Speck im schlotternden blauen Anton flatterte wie ein Geist über Treppen und Stiegen. »Gottverdammtes Saupack«, hörte ich ihn fluchen, und immer wieder: »Gottverdammtes Saupack!«

Ich saß auf meinem gepackten Koffer in der Diele, abholfertig wie ein Paket; nicht mehr dazugehörend – fast vergessen. Kälte kroch mich wieder an, wie damals bei Ilses Tod. Ich fühlte Tränen über mein Gesicht rinnen, immer neue Tränen, die salzig auf den Lippen schmeckten. Unbeachtet und lautlos weinte ich um mein Kinderparadies.

Der eingebildete Chauffeur Windel kam vorgefahren. Vater schob mich ins Auto und murmelte »Haltung, Peter!«

Das Städtchen flog am Wagenfenster vorbei. Herr Windel stellte neugierige Fragen, die aber an meinem verstockten Schweigen abprallten. Oh, wie ich es haßte, das rasende Auto, das mich mit forttrug; wie ich das feiste, prahlerische Gesicht vor mir haßte, das den guten Herrn Speck stets zu erbärmlichem Stottern gebracht hatte.

***

Der Onkel, die Tante, Cousinen und Vettern überschütteten mich mit Herzlichkeit. »Das arme Annabellchen« wurde gedrückt und gestreichelt, von Umarmung zu Umarmung weitergereicht. Noch immer erschien mir alles unwirklich. Wie eine Traumwandlerin durchlebte ich die Tage im fremden Tal. Ich sehnte den Abend herbei und die Schlafenszeit. Dann schlüpfte ich in Gedanken leise aus dem Haus des Onkels, kletterte über hohe Berge, durcheilte Täler bis hin zum Heimatstädtchen. Dort stand ich dann verwirrt auf den altbekannten Gassen, und konnte das kleine Haus nicht finden, in dem die Eltern jetzt wohnen mußten. Auch in der Traumwelt war ich heimatlos geworden.

Am liebsten hockte ich mit Vetter Martin zusammen. Er war älter als ich, für mich fast schon ein Mann. Mit ihm konnte ich streng gehütete Geheimnisse besprechen. Er entschärfte Probleme mit erstaunlicher Schnelligkeit und ansteckendem Frohsinn. Wir schmiedeten Zukunftspläne, wollten die Größten, die Mächtigsten werden. Bei mir hatte der Martin so seine Bedenken, ob ich das wohl allein schaffen könnte. Sicherheitshalber empfahl er mir dringend, seinen Freund Oberle zu heiraten. Dann wäre ich auf einen Schlag reich, fast so reich wie er selbst! »Ich mach das schon«, zerstreute der frohgemute Vetter meine Bedenken. »Der Hans ist zwar ein blöder Lackaffe, aber seine Zigarrenklitsche kann sich sehen lassen!«

Eine grandiose Idee war das! Vater könnte seine ausgeplünderte Fabrik mit Oberle-Zigarren vollstopfen, könnte von Fabrik zu Fabrik reisen, Herr Windel müßte endlich sein dummes Maul halten, und Herr Speck bräuchte nie mehr zu stottern.

Einmal führte mich Martin stolz durch »seine Fabrik«. »Damit du wenigstens eine Ahnung von einem modernen Betrieb hast«, meinte er gönnerhaft.

Hier gab es keinen Magnolienbaum und keine hingetupften Rasenflächen. Das langgestreckte, breitausladende Fabrikgebäude beherrschte souverän die Dorfstraße; stand einschüchternd, fast bedrohlich da, duldete keinerlei schmückendes Beiwerk. Lichtdurchflutet dehnten sich die Gänge, die Fabriksäle. Da gab es keine knarrenden Holzböden, keine dämmrigen Winkel und spinnwebverhangene Ecken wie bei uns zu Hause.

Ein Aufzug surrte hinauf zu den Büroräumen. Bereitwillig ließ ihn Martin auf- und niederschweben und hatte sichtlich Freude an meiner sprachlosen Bewunderung. »Kannst auch mal mitfahren«, forderte er auf und zog mich in den viereckigen Kasten. Ächzend schraubte sich das unheimliche Ding nach oben. Türen tauchten auf und verschwanden wieder. Wir durchsegelten furchteinflößend schwarzes Mauerwerk, und ausgerechnet da bekam der Aufzug Atembeschwerden. Nach kläglichem Rucken und Zucken blieb er zwischen den Etagen stecken.

Martins Nase wurde weiß wie eine Salzkartoffel; aus seinem Mund trompetete wildes Alarmgeschrei, mit den Fäusten trommelte er Notsignale. Irgendwo aus dem Dunkel drangen beruhigende Stimmen zu uns. Nach endlos langen Minuten setzte der Aufzug zu einem gewaltigen Höhensprung an, und der aufgeregt fuchtelnde Bürovorsteher Muser erlöste uns aus dem bösartigen Kasten.

Den Abstieg nahmen wir vorsichtshalber über die Treppe. Ein verstummter Martin tappte neben mir her, und ich dachte mit einem winzigen Lächeln an Vaters zwar bescheidenere Fabrik, in der aber keine Aufzüge geisterten, wo es nur abgetretene Holztreppen gab, die aber zuverlässig und sicher zum Ziel führten.

»Nur nicht verzagt, bald schon der Morgen tagt«, singsangte Tante Meta und streichelte mir so sanft übers Haar, wie es vordem nur Mamas Hände konnten. Der langersehnte Augenblick wurde zur Wirklichkeit. Das Telefon klingelte, mein Koffer wurde gepackt, ich durfte heim.

***

Zwar fand ich mein früheres Riesenparadies zu einem Zwergparadies geschrumpft, doch das störte mich nicht mehr. Hauptsache, wir waren wieder alle zusammen: die Eltern, Luise, das traute Städtchen mit seinem bimmelbammelnden Kirchturmgeläut.

Auf einem Kleckschen von Wiese stand das weiße, spitzgieblige Häuschen, eingerankt von wilden Weinstöcken, beschattet von einem alten Ahornbaum. In der winzigen Küche drehte sich Luise wie ein Brummkreisel um die eigene Achse. Auf diese Weise konnte sie Herd, Spüle, Schrank und Tisch erreichen ohne auch nur einen größeren Schritt zu tun. Durch eine Durchreiche schob sie Schüsseln und Platten in den Wohnraum und nahm auf gleichem Wege die geleerten Teller wieder in Empfang. »Servieren ist nicht mehr drin«, brummte sie mürrisch, und dann versöhnlich einlenkend: »Hauptsache, dem Herrn schmeckt es noch.«

Der Wohnraum hatte größte Ähnlichkeit mit unserem Bauernstübchen: der Herrgottswinkel, die breite Eckbank, der blankpolierte Tisch. Ein putziger Kachelofen hauchte Wärmestrahlen, und davor stand der einzige Sessel für den Vater reserviert. Schmal und steil führte die Stiege – von Papa Hühnerleiter genannt – hinauf zum Elternschlafzimmer mit den schiefen Wänden; zu meinem Kämmerchen, das nur aus Bett und Fensterluke bestand; zum schlauchförmigen Badezimmer, das wohl hauptsächlich für Badewanne und den gewaltigen Badeofen gedacht war, nicht aber für ungehindertes Bewegen der Badenden. Von der Tür aus hechteten wir direkt in die Wanne, behielten dabei stets den qualmenden, zischenden Badeofen im Auge, denn jeder von uns hatte sich schon daran vordere und hintere Körperteile verbrannt.

Draußen auf der Straße fand ich neue Freunde. Die Friedel, die ganz genau wußte, wo die Babys herkamen; die Anne mit den dünnen Blondzöpfen und der ewigen Schniefnase; die Mia aus dem gemütlichen Nachbarhaus, bei der wir unzählige Regentage verbrachten, »Elfer raus« droschen und Kuchenplatten leerputzten, Kuchenplatten, die ständig neu aufgehäuft wurden von der lebenssprühenden Mia-Mutter mit dem unvergeßlich lachenden Gesicht.

Schräg gegenüber wohnte die fromme Frau Heisler. Jeden Morgen schwebte sie mild lächelnd zur Kirche; schwebte ebenso still in ihre Wohnung zurück und wurde den ganzen Tag nicht mehr gesehen. »Sie lebt in einer Josephsehe«, wußte die Friedel zu berichten, doch keiner von uns konnte sich darunter etwas vorstellen. Auf jeden Fall war es etwas Ungewöhnliches und deshalb hochinteressant. Wir vergaßen unsere Spiele, alles

Denken kreiste nur noch um die absonderliche Nachbarin. Abwechselnd lagen wir auf der Lauer, doch keine von uns entdeckte ein männliches Wesen hinter Frau Heislers streng gerafften Gardinen. Unerhört beunruhigend war das. »Vielleicht hat sie ihn im Keller versteckt«, schniefte die Anne und grauste sich vor dem eigenen Gedanken. Das Geheimnis mußte gelüftet werden. Zu unterschiedlichsten Tageszeiten machten wir »Schellemännchen«, hockten dann hinter Büschen und sahen doch immer nur Frau Heislers sanftes Madonnengesicht aus der Haustür spähen; unerträglich lächelnd, unerträglich duldsam; kein ergötzliches Schimpfen, kein wildes Zetergeschrei, das üblicherweise die Folge solcher Klingelaktionen war.

»Die ist doch nicht normal«, sagte die energische Friedel, und dann sammelten wir Regenwürmer und warfen die zappeligen Biester mit so kräftigem Schwung durchs offene Fenster, daß wir sie drinnen an die Wand klatschen hörten. Postwendend geschah das Wunder! Frau Heisler schwebte nicht mehr. Sie stürzte in einer ganz gewöhnlichen Kittelschürze aus der Haustür, schnitt ein bitterböses Geiergesicht und rannte schnurstracks hinüber zu Mama.

Unterm Weinlaub verborgen hörten wir sie kreischen und toben. Vergnügt grinsten wir uns an. Es war uns gelungen, die Gute zu entschleiern. Sie war keine geheimnisvolle Heilige mehr, sie war ein Mensch wie wir alle, nur daß sie ihr Menschsein unter einem frommen Mäntelchen versteckte. Der unsichtbare Joseph interessierte jetzt auch nicht mehr.

***

Langsam normalisierte sich der Alltag. Das bedeutete leider auch, daß wir wieder zur Schule gehen mußten. Dr. Feller und seine Jüngerschar gab es nicht mehr. Das nächste Mädchengymnasium war »das Kloster« in der Kreisstadt. Viele meiner Freundinnen, darunter auch die Gretel, meldeten sich als Externe an. Sie mußten um 6 Uhr früh aufstehen und eine dreiviertelstündige Bahnfahrt im Güterwagen auf sich nehmen. »Das Kind kommt ins Internat«, entschied die Mutter, und sie bekam blanke Glücksaugen, wenn sie von ihrer eigenen Klosterzeit erzählte. Die Direktorin sowie die Präfektin waren Mamas Mitschülerinnen gewesen; ja es gab noch tätige Lehrschwestern, die Mutter schon unterrichtet hatten. Mit gemischten Gefühlen sah ich wieder meinen Koffer auftauchen.

Vater hatte zur gleichen Zeit einen VW gekauft – zweifarbig – giftig gelb mit braunen Kotflügeln. Mama fand ihn abscheulich und geschmacklos, Herr Speck zog ein langes Gramgesicht, aber Papa war glücklich mit dem glotzäugigen Käferding und lobte die sportlich fesche Farbkombination.

Mit diesem schillernden Fahrzeug fuhren wir vor die Klosterpforte, schritten die steilen Treppenstufen hinauf, und als die schwere Tür hinter uns zuschlug, befiel mich panische Angst. »Jetzt bist du gefangen«, grinste der Steinfußboden und fraß sich eiskalt durch meine Schuhsohlen. »Jetzt bist du gefangen«, höhnten die düsteren Wände aus dem Halbdunkel. Es roch nach Weihrauch, nach Malzkaffee und nach Erbsensuppe.

Die Pfortenschwester wisperte mit Mama, als hätte sie die Stimme verloren und führte uns dann ins Empfangszimmer. Dort gab es wenigstens Fenster und vor den Fenstern standen Kastanienbäume im Sonnenlicht. »Ich will nach Hause«, schluchzte ich und meinte damit Sonne, Wind und Wiese – meine Freiheit!

Wir saßen auf harten, hochlehnigen Stühlen, und von den Wänden starrten ernst und streng die Direktorinnen früherer Generationen. Leise war die Präfektin eingetreten. Mit ausgebreiteten Armen eilte sie auf Mutter zu und ihre Herzlichkeit vertrieb die Todesstarre des Raumes.

Draußen im hellen Kreuzgang sah ich durch hohe Bogenfenster hinaus auf den Schulhof, der allseits eingeschachtelt zwischen den Klostergebäuden lag. Ein knorriger alter Baum, von einem Mäuerchen umrundet, stand wie ein grünes Denkmal auf dem staubgrauen Viereck. Die lastende Stille wirkte bedrohlich, griff mit Würgefingern nach der Kehle.

Dann aber, als die Stundenglocke lärmend durch die Bauten schrillte, schienen sich die alten Mauern zu rekken, aufatmend auszudehnen. Stimmengewirr brodelte aus den Fenstern, kunterbunt drängten Mädchenknäuel über Treppen und Stiegen, quollen aus den Türen und übersäten den Schulhof, der jetzt einem wogenden Blumenbeet glich.

»Du wirst dich bei uns wohlfühlen«, sagte die Präfektin freundlich bestimmend, jeden Widerspruch im Keim erstickend. Dem Küchengeruch folgend erreichten wir das Refektorium. Lange Tisch- und Stuhlreihen verschwammen vor meinen Augen. Wir stiegen hinauf zu den Klassenräumen, bogen ein in den schmalen Musikgang, hinter dessen Türen Pianos abgehackte Töne ausspuckten, wo Geigen kreischten und Blockflöten wimmerten. Wie eine schwarze Fahne flatterte uns die Präfektin voran. Mutter versuchte Schritt zu halten, ich trottete in großem Abstand hinterher. Würde ich je zurück zur Pforte, zum Ausgang finden?

Ganz oben schließlich, knapp unter dem langgestreckten Ziegeldach, lagen die Wasch- und Schlafräume. Hier endeten alle Wege und somit auch unsere Rundreise. Im Schutzengelsaal schliefen Bett an Bett dreißig Mädchen der Unterstufe. Ich gehörte jetzt auch zu ihnen. Aus den Kissen starrten Puppen und Plüschtiere, kostbare Mitbringsel von zu Hause. Ich hatte nichts derartiges im Gepäck. Meine Schatztruhe war daheim geblieben. Wohlversteckt ruhte sie in Vaters Zylinderkoffer, der nur höchst selten, etwa zur Beerdigung eines Prominenten, geöffnet wurde.

Nochmals fühlte ich Mutters Streichelhände, hört ihre sanfte Flüsterstimme und dann ging sie. Leise schnappte die Tür hinter ihr ins Schloß. Sie hatte mich tatsächlich zurückgelassen. Allein mit den dämlichen Puppen, dem struppigen Plüschgetier, den kahlen Eisenbetten, den tropfenden Wasserhähnen draußen im Waschsaal. Allein mit den schwarzen Flatternonnen, deren weißumrandete Gesichter freundliche Worte sprachen, die Befehlen gleichkamen und Unterwerfung forderten.

Mein Bett stand außer der Reihe unter einem Fenster. Oft habe ich mich während meiner Internatszeit dorthin geflüchtet. Ich konnte direkt in den Himmel schauen. Sehnsüchtig beobachtete ich die Wolken, die so mühelos und schnell vorbeizogen, über Berge und Wälder fliegen konnten und bald schon über das Heimatstädtchen hinwegsegeln würden.

***

Eintönig reihten sich die Tage aneinander. Wie eine folgsame Schafherde rannten wir hinter den schwarzen Hirtinnen her. »Gelobt sei Jesus Christus«, rief morgens die Aufsichtsschwester, und schon standen wir frierend an den Waschbecken, bespritzten uns spärlich mit kaltem Wasser und täuschten eifriges Zähneputzen vor. – Mahnend drängte das Glockengeläut zur hl. Messe in der Klosterkirche. In den vorderen Reihen des Chorgestühls knieten wie aus Stein gehauen die Mères, die Soeurs – unsere Lehrerinnen. Dahinter, in Demut ergeben, neigten sich tief die Hauben der Küchen- und Gartenschwestern. Furcht ergriff mich jedesmal, wenn die monotonen Chorgesänge einsetzten, wenn in düsterem Gemurmel zu einem Gott gebetet wurde, der mir plötzlich fremd und unnahbar erschien. Wo war nur »der liebe Gott«, der gütige Gottvater meiner Kindheit geblieben? Leise und unbemerkt war er aus meinem Leben weggeflogen, unerreichbar weit weg; möglicherweise hin zu den fernen Himmelswiesen, wo Wunderblumen in ewigem Sonnenlicht dufteten, wo tausenderlei Tiere mit weißgeflügelten Engeln spielten, wo die auferstandenen Toten im Schatten raunender Märchenbäume saßen, dorthin, wo es keine Erinnerung an die Erde mehr gab. Dieser Gott in der Klosterkirche aber gehörte einem anderen Himmel an. Er war der allmächtige, strenge Richter, der die Guten von den Bösen trennte, unerbittlich Gehorsam und Pflichterfüllung abverlangte. »Wenn ich muß, will ich nicht«, hämmerte es in meinem Kopf. Trotzig schaute ich zum Altar und flüsterte: »Ich laß' mich nicht zwingen, auch nicht von dir« – und erwartete schaudernd, daß der Gewaltige einen Blitzstrahl gegen mich schleudern würde.

Im Refektorium dampfte inzwischen der hellbraune

Malzkaffee aus hohen Blechkannen. Schweigend kauten wir das mit Margarine und Pflaumenmus bestrichene Gummibrot. In den Schulräumen saßen meist schon die Externen und begrinsten unseren Einzug. Komisch genug müssen wir ausgesehen haben. Die einen mürrisch mit verkniffenen Gesichtern, die andern traurig und bedrückt, kuhäugig die Dulder und Kriecher, die sich scheinheilig in altmodische Trägerschürzen hüllten. Die Gretel brachte mir Grüße von der Mutter. Ich wollte sie nicht hören, mochte auch die Gretel nicht mehr ansehen, den sie durfte wieder heim, und ich mußte bleiben.

Beim Mittagessen, während die Suppentöpfe kreisten, herrschte Redeverbot. Überlaut klapperten dann die Suppenlöffel auf Tellerränder, versanken blubbernd in den Graupen, trommelten scheppernd letzte Restchen aus dem Steingut. Vor dem Hauptgericht tönte die Tischglocke. Gedämpfte Unterhaltung war jetzt erlaubt. Sie drehte sich hauptsächlich um die anschließende Rekreation, die wir wahlweise in der Bibliothek, im Spielsaal oder in den Musikzimmern verbringen durften. Meistens entschloß ich mich für die gemütliche Bibliothek, wo es so herrlich nach alten Schmökern roch.

Wie eine Spitzmaus kauerte Mère Lucia in einer Ecke und führte raschelnd Buch über ihre Bücher. Ein langes Nonnenleben war zwischen Buchseiten dahingeglitten. Das schmale Gesicht hatte sich im Laufe der Jahre der Umgebung angepaßt, war zu gelbem, feingeknittertem Papier geworden. Mère Lucia hatte schon meine Mutter mit Lesestoff versorgt. Vielleicht mochte ich sie deshalb so sehr, oder eben einfach ihrer Bücher wegen, oder aber, weil sie eine Glasauge hatte und gleichzeitig in zwei verschiedene Richtungen schauen konnte. Es war immer wieder faszinierend für mich, wenn mir das echte Auge zulächelte, während das gläserne unbeteiligt aus dem Fenster starrte. Mère Lucia überreichte Bücher wie Kostbarkeiten. Nur zögernd gab sie sie aus der Hand. Prüfend ruhte ihr Blick auf dem Empfänger, wenn sie mahnte: »Geh sorgsam damit um, du weißt doch, Bücher sind unsere treuesten Freunde.«

Der Rekreation folgte das verhaßte Silentium. Zu Hause hatte das Lernen noch Spaß gemacht. Da war ich allein an meinem Tisch gesessen, hatte ungeniert Selbstgespräche geführt, Gedichte mit wechselnder Betonung rezitiert, zwischendurch Äpfel gekaut, aus dem Fenster lehnend schöpferische Pausen eingelegt. Hier aber, in dieser vielgeteilten Stille, war es mir unmöglich produktiv zu arbeiten. Wenn ich sah, wie die anderen Mädchen sich einfügten, Hefte vollschrieben, lautlos beim Vokabellernen die Lippen bewegten, packte mich zornige Hilflosigkeit. Geduckt hockte ich in der hintersten Reihe, ein Buch von Mère Lucia auf dem Schoß, das sich nun wirklich als treuester Freund bewies; oder aber ich ergab mich einem lustvollen Vernichtungsrausch, indem ich Seite für Seite meiner schönen Schulhefte mit sinnlosen Wortspielen bekritzelte. In den Schulstunden gab es nur deshalb keine Katastrophen, weil Gretel, Mia und Friedel in der Nähe saßen: Eine eingespielte Rettungsmannschaft, die aufmerksam drohende Gefahr abbog, indem sie mir Hefte und Lösungen zusteckte. Doch sie konnten nicht verhindern, daß ich erst zur schlechten, dann zur schlechtesten Schülerin absank. Unzufrieden schüttelten die Lehrerinnen die Köpfe, erinnerten sich an keine Tante und an keine Cousine, die derart wenig erbracht hatte. Damit aber war ihr Interesse auch schon erschöpft, und mich bekümmerte Familienehre in dieser Hinsicht überhaupt nicht. Mein Ehrgeiz war abgestorben. Vielleicht hoffte ich auf Entlassung wegen Versagens. Nach dem Silentium versammelten wir uns wieder um Malzkaffee und Marmeladenbrote. Anschließend schlüpften wir in schwarzes, langbeiniges Turnhosengeschlabber und zogen hinaus auf den Schulhof zu lustlos betriebenem Sport. Soeur Angelika, die kühlschlanke Schöne, schlug das Tamburin; ließ uns im Takt hüpfen und springen wie Zirkuspferde. Oft, wenn wir ein gar zu trauriges Bild abgaben, trommelte sie sich selbst in Rage. Mit hoch erhobenem Tamburin tanzte sie wirbelnd über den Schulhof, daß die schwarzen Röcke aufflogen und Halbschuhe und Strümpfe freigaben, was uns wie eine sündhafte Entblößung vorkam. Sprachlose Verwirrung wich grenzenloser Bewunderung. Soeur Angelika schienen Flügel zu wachsen. Im Nonnenkleid verborgen steckte ein Elfenwesen.

Nach dem Abendessen ordneten wir uns nochmals in lange Reihen. Die Präfektin führte zur Abendandacht. Wir knieten um eine große Marienstatue, die tagsüber unbeachtet am Ende des Schulganges stand. Jetzt aber im Kerzenlicht wuchs sie empor, breitete schutzanbietend weit ihren Mantel aus. Tröstend blickte sie auf uns nieder, hilfesuchend schauten wir zu ihr auf. Sie lächelte ebenso mild wie die Madonna in der heimatlichen Kirche. Wir sangen die alten, innigen Marienlieder, die meine Kinderzeit umrankt hatten. Einsamkeit und Verlassenheit schwanden. Unter meinen Knien roch es so liebvertraut nach Bohnerwachs, und ich wähnte Luise in meiner Nähe. Mit dunklen Augen schaute die Nacht durch die Fenster. Friede und Gelassenheit senkte sich ins ungestüme Herz.

***

Viele Wochen waren dahingegangen bis zu jenem entscheidenden Morgen, als ich mit schlimmen Kopfschmerzen aufwachte. Nur mühsam konnte ich aus dem Bett kriechen, taumelte noch zum Waschsaal und fiel dort besinnungslos zu Boden. Auf der Krankenstation kam ich wieder zu mir, sah in besorgte Nonnenaugen, spürte plötzlich Mutters Streichelhände, entdeckte dicht über mir ihr liebes Gesicht und glaubte dennoch zu träumen. Doch ich hatte mich nicht getäuscht. Ebenso entschlossen wie sie gegangen war, war sie jetzt wieder gekommen – mehr noch: sie holte mich nach Hause. An die Heimreise fehlte mir später jede Erinnerung. In die Wirklichkeit zurück fand ich erst wieder im kleinen Häuschen, im Elternschlafzimmer. Vater war in die Kammer nebenan umgezogen. Ein rätselhaftes Drüsenfieber schien mich aufzuzehren. Lange Zeit schwebte ich zwischen Leben und Tod. Einen Klinikaufenthalt lehnte Mutter strikte ab. Gegen den Willen der Ärzte nahm sie allein den Kampf mit der Krankheit auf, als hätte sie genau gewußt, daß nur ihre Liebe, ihr ständiges Da-Sein mich dem endgültigen Weggleiten entreißen konnte. Als hätte sie geahnt, daß diese Zeit für uns beide von größter Bedeutung war: ein Höhepunkt uneingeschränkter Mutter-Kind-Beziehung, in dieser kristallenen Reinheit nie mehr wiederholbar. Wir wurden nochmals eins, wie damals in meiner frühesten Kindheit. Wunschlos glücklich dämmerte ich durch die Tage und Nächte. Wann immer ich die Augen aufschlug saß Mutter am Bett. Ihre Hände hielten die meinen umfaßt, Liebe verströmend, Leben schenkend.

Endgültig besiegt war die Krankheit, als ich nach einem ersten Buch verlangte und wieder zu lesen begann. Jetzt saß auch Vater öfters im Zimmer, erzählte Neuig-

keiten aus dem Städtchen, besah kopfschüttelnd meine Bücherauswahl und mahnte: »Kind, sei vorsichtig mit den Romanen. Das ist meistens Spinnerei und verwirrt die Sinne. Halte dich an das Historische!« Er brachte mir Kaiser und Könige ans Bett, grimmig blickende Staatsmänner, und als größten Liebesbeweis den Prinzen Eugen, dem er sich besonders verbunden fühlte. Auch die Kaiserjäger, die Tapfersten der Tapferen, durfte ich in Händen halten. Auf dem Nachtkästchen lag beeindruckend das »Historische«, unter dem Bett aber stapelte sich nach wie vor das »Phantastische«.

Auch die Gretel kam jeden Tag. Leise wie ein Sonnenstrahl schlüpfte sie ins Zimmer. Zunächst nur zum Plauderstündchen, später mit der schweren Schultasche bepackt. Mürrisch saß ich dann im Bett zwischen Heften und Schulbüchern, und ließ mir widerwillig all das Lästige erklären. Doch bevor ich das ungeliebte Studium wieder aufnahm, hatte ich Mutter das Versprechen abgepreßt: Wenn überhaupt nochmals ins Kloster, dann nur als Externe!

***

»Wer auf den lieben Gott vertraut, der hat auf festen Grund gebaut«, sagte Mama lächelnd und führte mich behutsam hinaus ins Gärtchen auf die Sonnenbank. Und dort erreichte uns die nächste Freudenbotschaft: Der General räumte unser Haus, wir konnten heim! Unbeschreiblich war das Gefühl, als Herr Speck langsam durch die Toreinfahrt fuhr, wir den altvertrauten Kiesweg unter den Rädern knirschen hörten. Umständlich suchte Vater nach dem Hausschlüssel, zögernd traten wir in die Zimmer, so als stände zu befürchten, das geliebte Haus hätte fremde Formen angenommen. Doch dann knarrte die Treppe wie eh und je, im Herrenzimmer roch es nach Vaters Zigarren, im Wintergarten waren Mutters Palmen und Lorbeerbäume noch größer geworden. »Der reinste Urwald«, lachte Papa, und dann riß er im ganzen Haus die Fenster auf, machte Durchzug, daß die Türen knallten und die Vorhänge sich blähten, knatternd wie Siegesfahnen.

»Jetzt fliegt der letzte Franzosenstaub aus den Ecken«, griente Luise und erstickte schier unter Kissen und Plumeaus, die sie an die Sonne schleppte. Herr Speck wuchtete Teppiche in den Garten, und ließ den Klopfer so heftig niedersausen, als müßte er den Schmutz von Generationen entfernen. Frau Seiboldt und Frau Brugger, ausgerüstet mit Eimern und Schrubbern, sorgten für ordentlich deutschen Schmierseifenduft vom Keller bis zum Speicher.

***

Alles hätte nun sein können, wie es früher war. Aber obwohl die Elfenbeinfigürchen wieder in der Vitrine standen, das Tafelservice goldrandig im Schrank blinkte und Luise tagelang mattes Silber zu hellem Glanz aufpolierte – die alte Zeit ließ sich nicht mehr heraufbeschwören.

Die ehemals so stolze Firma – ja die ganze Zigarrenindustrie – litt schwer unter der Nachkriegszeit. Die Vertreter waren entweder tot oder wandten sich gängigeren Branchen zu. Die raschglimmende Zigarette triumphierte über die gemütliche Zigarre. Aufträge blieben aus, die Arbeiter schafften auf Lager, soweit überhaupt Tabak vorhanden war. Über Vaters Gesicht hatte sich ein eisernes Visier gesenkt. Jede Annäherung erstickend, schweigend vor sich hingrübelnd, entzog er sich immer mehr dem fröhlichen Kreis seiner Freunde. In abgeschlossener Einsamkeit kämpfte er um Fassung und Würde, vorausahnend, daß ihm eine gänzlich veränderte Lebensphase bevorstand. Er begann wieder selbst zu reisen. Woche für Woche war er mit dem Musterkoffer unterwegs. Gegen die Zugluft in den zerschossenen Eisenbahnwagen schützte ihn ein alter Kaschmirschal, in dem Mutter nach jeder Reise ein neues Löchlein entdeckte. Papa fuhr ins Rheinland und hoch hinauf in den Norden. Er schleppte seine Zigarrenkistchen über die Trümmerhaufen der Großstädte, hauste in abenteuerlichen Unterkünften, suchte alte Kunden, fand Elend und Leid oder nur Zerstörtes.

Mama saß jetzt oft im Privatbüro. Ihre verkrampften Hände lagen auf der leeren Schreibtischplatte. Sie, die immer bescheiden zurückstand, hielt jetzt einsame Wacht. Manchmal kam Herr Bollmann hinzu, gab ausweichende Antworten und tröstete: »Es wird schon wieder werden. Der Chef ist ja draußen, er hat es doch immer geschafft.« Seine Stimme war leise geworden. Lautlos wie ein Gespenst huschte er durch die Fabrik, so als habe er Angst, der Boden könne unter ihm einbrechen. Eine gefährliche Ruhe umschloß das ganze Gebäude.

***

An all den Veränderungen nahm ich nur oberflächlich teil. Ich war inzwischen »Fahrschülerin« geworden und hatte damit mein Ziel erreicht:

Um 6 Uhr früh klingelte der Wecker, gegen 7 Uhr

rannte ich den Berg hinunter. Aus den Seitenstraßen gesellten sich die Freunde hinzu. Geballter Übermut tobte am empörten Fahrkarten-Kontrolleur vorbei, schwang sich johlend auf die Trittbretter des fauchenden Zuges, der sich meist augenblicklich in Bewegung setzte. Kaum in Fahrt gekommen, hielt er auch schon wieder an. Kein Dörfchen wurde ausgelassen. Neue Schüler stürmten die Abteile, schafften sich ungestüm Platz auf den schmalen Holzbänken. Büchertaschen flogen in Gepäcknetze, verfehlten oft ihr Ziel und knallten auf Buben- und Mädchenköpfe.

Die Schule nahmen wir als notwendiges Übel in Kauf, die Bahnfahrten aber liebten wir. Hier kochte ungezügeltes Leben, hier hatte die Jugend die Übermacht. Vor breitem Publikum wurden Händel ausgetragen und erste Liebesbande geknüpft.

Im März/April, wenn es morgens noch empfindlich kühl war, bestand Mutter darauf, daß ich die braunwollenen Winterstrümpfe anzog. Ich haßte die tristen Schläuche, zumal schon die ersten Blumen blühten und tagsüber die Sonne vom blaßblauen Frühlingshimmel lugte. In meiner Schultasche versteckt lagen die weißen Kniestrümpfe, die bunten Söckchen. Frühmorgens galoppierte ich noch schneller ins Dorf, kehrte kurz bei der Gretel ein und durfte dort die Strümpfe wechseln. Lächelnd sah Frau Niemann dem Gezerre zu, nahm die langen Widerlinge in Empfang, die ich dann für den Heimweg wieder überstreifte. Wie glücklich bin ich damals in meinen Söckchen in den Frühling gesprungen! Wie heiß habe ich Gretels Mutter geliebt für ihr Verständnis und ihr Schweigen.

***

Meine Leistungen in der Schule nahmen erfreulichen Aufschwung. Doch dann geschah etwas, das meine guten Vorsätze wieder über den Haufen warf:

Es war nach der Pause. Dreihundert Mädchen, von den Klassenlehrerinnen angeführt, gingen die endlos lange Zick-Zack-Treppe hinauf zu den Schulräumen. Wir Jüngeren hatten schon die oberen Etagen erreicht. Ich trug einen großen Ball unter dem Arm. Von hinten kam ein heimtückischer Stoß. Der Ball entglitt mir, sprang über das Treppengeländer, fiel viele Stockwerke nach unten und landete auf dem Kopf von Mère Anna, die eben durch den Eingang marschierte. Der ganze Auftrieb kam ins Stocken. Unglaubliches war geschehen. Wer hatte diesen dreisten Anschlag auf eine Lehrperson gewagt? Ich meldete mich. Ich war ja die Ballträgerin. Ich versuchte zu erklären, war selbst empört und entsetzt, zumal ich Mère Anna gut leiden konnte. Aber niemand hatte den hinterhältigen Stoß gesehen, niemand konnte mich entlasten. Die Direktorin glaubte mir nicht, Mère Anna glaubte mir auch nicht! Mit eiskalten Augen sahen sie mich an, und sprachen von meinem verstockten Herzen. Ich bekam meine Strafe, doch was schlimmer war, im Lehrerkollegium wurde ich zur aufsässigen Schülerin abgestempelt. Diesen Ruf, später bestand er zu Recht, sollte ich behalten, bis ich die Schule verließ. Ganz anders war die Reaktion bei den Klassenkameraden. Bewundernd schielte man mich von der Seite an. Da gab es anerkennendes Schulterklopfen, nachträgliches Grinsen und Gelächter. Kurzum, die böse, aber nicht vollbrachte Tat verschaffte mir ganz plötzlich eine Sonderstellung. Ich entdeckte erstaunt die erfreulichen Seiten des Ballgeschehens. Es lohnte sich ja gar nicht, brav und gehorsam zu sein. Ganz abgesehen davon, daß es stinklangweilig war, hatte es mir zusätzlich noch Ungerechtigkeit eingebracht. Da war es schon besser, mit Lust zu sündigen und dafür notfalls die verdiente Strafe hinzunehmen. Langsam glaubte ich selbst daran, daß ich den Ball geworfen hatte, bedächtig zielend – plopp – mitten auf den dicken Hohlkopf von Mère Anna.

Wieviel Last und Beschwerlichkeit war von mir gefallen, seitdem ich keine guten Vorsätze mehr herumschleppte!

***

Zu Haus zerbröckelte unsere kleine Welt immer rascher. Vater war wohl der einzige, der das frühzeitig erkannte, doch er schwieg beharrlich. Wir saßen uns plötzlich wie Fremde gegenüber. Verstohlen betrachtete ich die Gesichter der Eltern. Über Nacht schienen sie alt geworden. Unerträglich starr und eng hörten sich ihre Ansichten an. Dem konnte man nur Schweigen entgegensetzen, sich gleichzeitig befreien, Ketten sprengen. Noch stärker wurde ich mir meiner Jugend bewußt. Vor mir lag »das Leben«. In ein wildes, loderndes Leben wollte ich mich stürzen. Es mußte anders sein als das der Eltern, ganz anders!

Die Türen zur Welt hatten sich geöffnet. Was bisher gültig gewesen, war hinweggefegt. Amerikanische Filme, Musik und Literatur berauschten die Jugend wie Drogen. Während sich die Älteren am Wiederaufbau erschöpften, fieberten die Jungen unter dem Ansturm der neuen Zeit: Jeder auf seine Weise ein kleiner Rebell, berufen zur Weltverbesserung.

In den Zeitungen suchten Jugendliche aus allen Erdteilen deutsche Briefpartner. Ich kaufte mir sofort einen

Langenscheidt in Englisch und fing an zu schreiben: einem Gymnasiasten in Manila, einem Schüler in Barcelona, einem Studenten in Bombay und einem angehenden Journalisten in Graz. Wenn die Antwortbriefe ins Haus flatterten, schloß ich mich in mein Zimmer ein, vergrub mein Gesicht im weitgereisten Papier, bevor ich zu lesen begann.

Ich hatte mir mit dieser Korrespondenz einen Hauch Weltweite erobert. Jetzt griff ich auch schon gewohnheitsmäßig zur Zigarette, nebelte tiefe Lungenzüge aus dem Fenster und träumte mich fort aus dem Haus, aus dem Städtchen, weg von den eingrenzenden Wäldern. Manchmal schaute mich Mutter so sonderbar an, doch ich wich ihr aus, hatte ihr nichts zu sagen. Fand sie einen vollgehäuften Aschenbecher in meinem Zimmer sagte sie bitter: »Ganz wie der Alfred!« Der Onkel war längst tot und von mir fast vergessen. Jetzt ließ sie ihn ungewollt auferstehen, erinnerte an den Außenseiter der Familie, dem sofort – schon aus Protest – meine Sympathie zuflog. Da hatte schon einer vor mir an Fernweh gelitten. Sein Drängen nach dem Rampenlicht, wie gut konnte ich es verstehen, das ungestüme Aufbegehren, das Greifen nach den Sternen . . .

***

Abends, wenn es still wurde im Haus, hielt ich meine okkulten Sitzungen ab. Im Schneidersitz hockte ich vor meinem kleinen Radio und hörte Jazz bis tief in die Nacht. Der Wind strich durch das geöffnete Fenster, die brennende Kerze züngelte, spuckte huschende Irrlichter an die Wand, während der fremde Rhythmus in mich eindrang und von mir Besitz ergriff, mich hochpeitschte und tanzen ließ, von unsichtbaren Gewalten angetrieben. Ich tanzte, willenlos, hingegeben, tanzte mich frei von verdrängten Gefühlen, geheimen Wünschen Ausdruck verleihend, tanzte bis zur neugeborenen Leere, bis ich zu Boden sank. Wild sehnte ich mich dann hinaus in den Garten, mich an die nachtkühle Erde zu pressen, um in ihr meine Glut zu verströmen.

Den Kirchenbesuch am Sonntag stellte ich auch ein. Beim Glockengeläut verließ ich zwar das Haus, eilte dann aber auf kürzestem Weg zur Gretel. Frau Niemann schloß das gute Wohnzimmer auf, und wir beide konnten ungestört philosophieren. Hin und wieder gesellten sich sorgsam Ausgewählte hinzu. Hitzige Diskussionen wurden geführt. Wer unseren hochfliegenden Ideen nicht folgen mochte, war kurzerhand ein »mieser Spießer«.

Über Jahre hinweg wurden diese Treffen zur festen Gewohnheit, und im Winter, wenn an den Fensterscheiben des wenig gebrauchten Zimmers die Eisblumen blühten, feuerte Frau Niemann extra für uns den kleinen Kohleofen an. Manchmal stand sie eine kurze Weile in der Tür, schaute lächelnd auf unsere Runde, als bedaure sie, nicht mehr dazuzugehören, nicht mehr gemeinsam mit uns daran glauben zu können, daß sich jetzt alles, alles wenden würde.

Später, als die Gretel ihren Herbert gefunden hatte und ich mich mit häufig wechselnden Jünglingen umgab, fanden ähnliche Zirkel in unserem Haus statt. Möglichst in Abwesenheit der Eltern, da wir lautstark bis in den frühen Morgen tagten. Die große Runde traf sich im Bauernstübchen, die intime in meinem Zimmer. Für unsere heiser geredeten Kehlen spendierte Vater immer zu wenig Wein. So gegen Mitternacht mußte ein Jüngling die Mutprobe bestehen, das hieß: allein durchs dunkle Haus schleichen bis hinunter zum Weinkeller und Nachschub stibitzen.

Hin und wieder begrüßte Papa meine Freunde, und da er mich nur ungern rauchen sah, drückte ich dann schnell meine Zigarette einem Nachbarn zwischen die Finger. So saß der Nichtraucher Herbert auch eines abends mit einer Zigarette da. Vater schaute lächelnd auf das Mundstück und sagte: »Wie ich sehe, Herr Kohler, tragen Sie jetzt auch Lippenstift.« Noch heute erzählt der Herbert diese Szene, die er damals als peinlichste Blamage empfand.

***

Vor dem Schulabschluß wanderte ich nochmals mit lautem Knall ins Internat. Mutter hatte mein Tagebuch gefunden. Ihre schlimmsten Ahnungen sah sie schwarz auf weiß bestätigt: Das Kind drohte wirklich ein zweiter Alfred zu werden.

Dieses Mal packte ich ungerührt meinen Koffer. Es war ja nur für eine kurze Zeit, und außerdem warteten unter den Internatszöglingen dicke Freunde.

Zu acht hausten wir in einem netten Schlafraum, und wenn abends das Licht ausging und das gutmütige, runde Gesicht von Soeur Maria ein letztes »Gelobt sei Jesus Christus« getönt hatte, huschten wir wieder aus den Betten, hockten um eine Kerze und machten Zukunftspläne. Wir drehten uns gegenseitig Lockenwikkel ins Haar und flüsterten mit runden Kugelaugen von Liebe und von Männern.

Da ich von »draußen« kam, wurde von mir Erfahrung erwartet, und ich nahm alle Romankenntnisse zu Hilfe, um prickelnde Abenteuer zu schildern. Ich war unbestritten »die Größte«, der absolute Mittelpunkt – bis Irmgard auftauchte, die Professorentochter aus Aachen. Kühl und verschlossen bezog sie das letzte freie Bett. Schweigend hörte sie meinen Vorträgen zu, fixierte mich irritierend aus spöttischen Augen und verdarb mir die Pointen. Während wir die Haare kräuselten, ließ sie sich Zöpfe wachsen, ringelte sie um den Kopf wie eine Bauersfrau. Übers Wochenende verschwand sie irgendwohin aufs Land und eines Tages kam sie in Trachtenkleidung zurück. Unter dreihundert Mädchen, die alle zum modernen Lebensstil drängten, erschien ausgerechnet die weithergereiste Städterin in Tracht. Lehrer wie Schülerinnen fühlten sich gleichermaßen provoziert. Der Professor-Vater aus Aachen kam angereist. Auf der Direktion fand eine Unterredung statt, aus der Irmgard wider Erwarten als Siegerin hervorging. Stolz erhobenen Hauptes zwängte sie sich weiterhin ins enge Mieder, schwenkte breithüftig den Bauernrock über ausgelatschten Halbschuhen.

»Wir leben in einer Scheiß-Gesellschaft«, sagte sie eines abends nachdenklich ins Kerzenlicht. »Überall die gleiche Raffe, die verdammte Arschkriecherei. Aber nicht mit mir«, zischte sie zornig, »ich steige aus!« Verblüfft ließen wir Bürsten und Kämme sinken und hörten ihrem Lobgesang auf das einfache Leben zu. Sie erzählte von dem Einödhof, der ihr zur zweiten Heimat geworden war. Sie erzählte ebenso gelassen vom Kühemelken und Stallausmisten wie von der Zuneigung zum Bauernsohn, mit dem sie Liebe machte: im Heu, im Wald und auf taufeuchten Wiesen. »Glotzt nicht so dämlich«, fuhr sie uns wütend an. »Lieben ist das Natürlichste auf der Welt, darüber gibt es rein gar nichts zu labern.«

Da saß uns nun eine echt Erfahrene gegenüber, die die großen Worte verachtete, hinter denen wir uns verschanzten, wohl wissend, daß in Wirklichkeit keine so recht den Mut aufbrächte, auch danach zu handeln. Ihr skeptischer Blick erzog zu sparsamerem Reden. Zwar konnte sie uns nicht für ihre Lebensweise begeistern, ihre konsequente Haltung aber forderte uns Achtung ab. Ich vernachlässigte die Locken-Mädchen und suchte die spröde Freundschaft der Außenseiterin. Uns verband das gemeinsame »Dagegen-Sein«. Großzügig respektierten wir unsere unterschiedlichen Marschrouten. Sie sah lächelnd in mein geschminktes Gesicht; ich flocht schwarze Samtbänder in ihre langen Zöpfe.

***

Die Schulentlassung rückte näher. In der Aula fanden schon die ersten Theaterproben statt. Im Musiksaal saß Mère Pia am Flügel und hatte ihren geliebten Chor um sich versammelt. Wie losgelassene Rennpferde galoppierten ihre Finger über die Tasten und schleuderten brausendes Getön um unsere Ohren; ihre Füße drückten so ungestüm die Pedale, als wollten sie dem Instrument die Sporen geben. Mitgerissen krähten wir die Tonleitern auf und nieder, machten die Stimmen fit für anspruchsvollen Chorgesang, den Mère Pia dann mit blitzenden Augen und flatterndem Schleier dirigierte. »Sehr schön«, lobte sie oft am Ende der Stunde und schaute uns dabei mit so überschäumender Freude an, daß es einer klingenden Abschiedsumarmung gleichkam. Mère Pia war für uns schlicht die »Supernonne« des Convents. Spontan konnte sie ein schickes Kleid bewundern, ihre flinken Wieselaugen erspähten neue

Schuhe, und bei sanftem Tongeklimper plauderte sie gern mit uns über modische Frisuren.

Ein letztes Mal saß ich vor meinem Physikheft und betrachtete fast liebevoll Mère Liobas steile Krakelschrift. »Unsinn, entbehrt jeder Logik«, hatte sie mir – wie vordem so oft – bescheinigen müssen. Zornige Ausrufezeichen bekräftigten das Urteil. Im Stillen bedauerte ich sehr, daß es mir nie gelungen war, zu Mère Liobas Eliteschülerinnen zu gehören. Wie oft hatte ich mir vorgenommen, dem Unterricht konzentriert zu folgen; doch wenn Mère Lioba beschwörend die Flamme des Bunsenbrenners beobachtete, in den Reagenzgläsern zischend farbenspeiende Experimente brodelten, sich unter ihrer Hand die Stoffe blubbernd verwandelten, fremde Form und Gestalt annahmen, entglitt mir der Faden zur Wirklichkeit. Mère Lioba wurde zum Magier, der Physiksaal zur Hexenküche. Ich überließ mich ganz der staunenden Betrachtung und überhörte die Formeln und Lösungen der Geheimnisse. Wenn Mère Lioba uns abkanzelte, Fünfer und Sechser ins Notenbuch donnerte, flüsterten wir hinter vorgehaltener Hand: »Wen schuf der Herr in seinem Zorn – die Lioba aus Paderborn!« Trotzdem standen wir nach der Stunde geduldig wartend vor der Tür und betrachteten es als persönliche Auszeichnung, beim Aufräumen des Physiksaals helfen zu dürfen.

Abschiednehmen galt es nun auch von Frau Buderus, der beliebten Geschichtslehrerin. Als ich zum letztenmal ihre schweren Büchertaschen schleppte, hätte ich plötzlich heulen mögen. Ich sah die kurzen, dicken Beine vor mir herstapfen, die Strümpfe warfen obligate Röllchen, ein abgerissenes Saumende zipfelte vom abgeschabten Mantel. Frau Buderus legte keinen Wert auf Äußerlichkeiten. Sie lebte nur für die Geschichte. Wie ein zeitloser Kämpe hatte sie mit uns die Jahrtausende durcheilt, wir waren in Schlachten gestürmt, hatten Siege gefeiert und Niederlagen ergründet. Sie beschwor die alten Griechen ins Klassenzimmer, schlemmte mit den Römern und ließ sie mit hohler Stimme untergehen. Mit dem napoleonischen Herr ritten wir durch Rußland, und trotz hochsommerlicher Temperatur kroch uns Kälte an. Hinter dem Pult inszenierte Frau Buderus großes Welttheater, und wir spielten begeistert mit. Bei ihr entdeckte ich meinen Ehrgeiz wieder; sie wiederum gab mir bevorzugt die Chance, mein Wissen vorzutragen. Zwischen uns fiel nie ein privates Wort, und trotzdem verband uns eine schwer zu erklärende Freundschaft, die mir Frau Buderus im letzten Schulquartal auf großmütigste Weise bewies: Wir schrieben eine wichtige Klausur, wobei ich erschrocken feststellte, daß ich eine Frage nicht beantworten konnte. Verzweifelt balancierte ich das Geschichtsbuch auf den Knien, begann hastig abzuschreiben, als plötzlich ein Schatten auf mein Heft fiel. Erschrocken blickte ich auf. Frau Buderus stand neben mir. Sie schaute in mein Heft, sah das geöffnete Buch, schaute endlos lange Sekunden in meine Augen und ging wortlos weiter. Verstört schrieb ich noch den Satz zu Ende, kroch dann zum Pult und gab meine Arbeit ab. »Aus«, dachte ich, »jetzt hast du alles zerstört!« Sie aber drückte mir wie immer ihre Taschen in die Hand. Während ich hinter ihr herschlich, schämte ich mich, wie ich mich noch nie geschämt hatte. Ich flehte sie innerlich an: »Sag' doch ein Wort, gib mir Gelegenheit zu sprechen«, doch sie blieb stumm, zeigte nur ihr kühles, abwesendes Lächeln und verschwand in der nächsten Klasse. Als ich die Klausur zurückbekam, starrte ich fassungslos auf die gute Beurteilung.

Am letzten Tag, nach feierlicher Zeugnisübergabe und dem Schlußakt, sah ich Frau Buderus energisch durch die Menschenmenge rudern und auf mich zusteuern. Sie drängte mich in einen abgelegenen Winkel, quetschte meine Hand in der ihren und sagte: »Machs gut! Du wirst dein Leben lang auf einem schmalen Berggrat balancieren. Vergiß nur nie die Absturzgefahr. Zwing deinen Blick nach oben, das Gipfelkreuz sollte dein Ziel sein!«

Die laute Freude fiel wie ein abgebranntes Feuer in mir zusammen. Langsam, fast zögernd, folgte ich den Eltern. Verstummt lag der Musikgang, das tröstliche Lächeln der Marienstatue hatte das Tageslicht geschluckt; laut hallten unsere Schritte im Kreuzgang, die Pfortenschwester winkte ein letztes Lebewohl aus dem Halbdunkel.

Weit stieß Vater das Portal auf. Geblendet stand ich im Sonnenlicht. Auf unsicheren Füßen schritt ich die Stufen hinunter, hinein in die ersehnte Freiheit.

***

»Was nun?« fragte Papa zu Haus und sah mich aus müden Augen an. »Was nun?« grübelte ich in meinem Zimmer, und begann endlich zu begreifen, daß mit dem Hinsiechen der Fabrik auch mein Leben in andere Bahnen gelenkt wurde. Zwar reiste Vater noch immer, doch das Glück schien ihn endgültig verlassen zu haben. Herr Bollmann saß verloren mit einem Lehrling im großen Büro, die Fabrikräume standen größtenteils leer.

Luise hatte geheiratet. Frau Seiboldt drehte keine Zigarren mehr; sie half jetzt Mutter bei der Hausarbeit. Nur Herr Speck hielt getreulich an alten Gewohnheiten fest. Wie ein Schatten huschte er über den vereinsamten

Fabrikhof, ordnete Unordentliches drinnen wie draußen, mähte schnurgerade Bahnen in die Wiesenflächen, verweilte sinnend im Schatten des Magnolienbaumes, bog kreuzlahm den Rücken nach abgeworfenen Ästchen und Blütenblättern.

Während sich über uns bleierne Stille legte, pulsierte im Städtchen neues Leben. Werkstätten wuchsen zu Fabriken, moderne Läden machten sich breit, Wohnhäuser wucherten wie Pilzkolonien über Felder und Wiesen bis hinauf zu den Waldrändern. »Unsere Zeit ist vorbei«, sagte Mama verbittert, wenn sie auf dem Balkon stand und die Baustellen näherrücken sah. Tannen wurden angepflanzt, um das Haus gegen fremde Blicke abzuschirmen.

Das Haus wurde zur Festung. Hinter den verschlossenen Türen hielten die Eltern eisern an ihren alten Gewohnheiten fest, und obwohl die Spieluhren fröhlich weitermusizierten, die Standuhren pünktlich dumpfe Stundenschläge durch die Räume grollten, schien die Zeit stillzustehen.

Von der Einsamkeit fühlte ich mich eingefangen wie die Mücke im Spinnweb. Ich mußte fort, so schnell wie möglich, und so entschloß ich mich, meine Studien in der nahegelegenen Universitätsstadt fortzusetzen.

***

In einem romantischen alten Haus bekam ich ein Zimmer, oder besser gesagt: ein Zimmerchen mit hübschem Holzbalkon, der wie ein Vogelnest zwischen den Ästen einer großmächtigen Tanne hing. Ein Bett mit Bücherbord, Tisch und Sessel, eine Kommode mit Lavabo, ein Kleiderschrank, auf dünnen Füßen schwankend und mit widerspenstig verklemmten Türen, das war mein erstes eigenes Reich. Ein Waschbecken mit fließendem Wasser gab es nur auf der Toilette, einem Ort der Bedrängnis, denn ich mußte ihn mit der Vermieterin und zwei weiteren Studentinnen teilen. Die Schiebetüre ohne Schloß und Riegel ließ keinen zur Ruhe kommen. Stets die Hand am Türgriff spähte man nervös durch die Milchglasscheibe, um frühzeitig das Besetztzeichen zu signalisieren, wenn sich von draußen ein Schatten näherte.

In den ersten Wochen und Monaten ging ich wie auf Watte. Endlich war es mir möglich, meinen Tag selbständig einzuteilen, niemandem mußte ich über Tun und Treiben Rechenschaft ablegen. Ziellos wanderte ich durch die Straßen, ließ mich von der Menschenmenge über den Münsterplatz schieben, saß in Cafés und versuchte in fremden Gesichtern zu lesen. Kurzentschlossen sprang ich auf Straßenbahnen, löste Endstation und zurück, verschlang mit gierigen Augen die ganze Stadt samt Vorstädten, schwebte glückstaumelnd wie ein Luftballon zwischen den Eindrücken. Ein Heißhunger auf Menschen hatte mich gepackt. Ich liebte es, im Gedränge unterzutauchen, hautnah die vorbeihastenden Körper zu spüren. Ich entdeckte das aufregende Spiel des kurzen Blickwechsels, dessen Krönung es war, wenn wie ein Stichflämmchen das Lächeln gegenseitiger Sympathie aufflammte, in Sekundenschnelle wieder weggeschwemmt vom nachdrängenden Strom der Leute.

Das Reizwort »skandalös« hatte ich nicht vergessen. Verlockend und verführerisch schillerte es durch meine Gedanken. Zwar war mir der eigentliche Sinn des Wortes immer noch nicht ganz klar, zumindest aber bedeutete es wohl: tüchtig aus der Reihe zu tanzen! Stundenlang saß ich im Frisiersalon, paffte aus langer Zigarettenspitze und sah mit Wonne meine Haare immer blonder werden. Bei dröhnendem Rock and Roll hockte ich in meiner Bude und übte Schminktechnik. Ich schlüpfte von einer Maskerade in die andere; nichts mehr sollte an die alte Annabelle erinnern.

Im Frühling und Sommer radelte ich mit meinen neuen Freunden zur Stadt hinaus auf die nahegelegenen Höhen. Wir stürzten uns ins kalte Wasser versteckter Bergseen, lagen atemlos leergepumpt auf sonnenwarmem Gestein, fühlten den eigenen Körper fremd werden, überschauert vom Verlangen, aufsteigenden Jubel zu teilen, in der Umarmung des Freundes zu verströmen.

In warmen Sommernächten lockte der Schloßberg mit seinen glimmernden Biergärten, die wie Glühwürmchen über der Stadt hingen. Dort oben sangen wir weinselig alte Studentenlieder in die Nacht, sangen bis in den frühen Morgen hinein, zogen dann auf dem Heimweg besitzergreifend durch leere Gassen und Straßen, störten Bürgerschlaf und Bächleingemurmel. Oder aber, wir hockten am kühlfeuchten Ufer des träg dahinfließenden Flusses, ließen Weinflaschen kreisen und erkannten, daß einzig die Gegenwart wichtig war.

Im Herbst und Winter drängten sich Studentenbälle und Verbindungsfeste. Sie flossen ineinander und verdichteten sich zu einem einzigen, funkensprühenden Feuerwerk. Ich tanzte durch die Nächte, fühlte mich wieder auf der Kinderschaukel, flog vom Rhythmus beflügelt Kirschbaumblüten entgegen. »Hey«, flüsterte ich dann in Stoppelbärte, an wundgeschabten Jünglingswangen, »hey, halt mich fest, sonst klink' ich aus vor lauter Freud!«

***

Wenn ich über das Wochenende in der Stadt blieb, besuchte ich samstagnachmittags Tante Karla. Sie war inzwischen Witwe geworden und hatte sich in ihrem großen Haus eine entzückende Dachwohnung eingerichtet. Schellte ich unten an der Haustüre und kam dann atemlos die Treppe hinaufgejagt, stand meist schon die Etagentür offen. »Wer ist da«, rief Tantes Stimme irgendwoher, und ich lärmte in das dunkle Flürchen: »Ich bin es, Tante, ich«, und schon huschte die Tante aus einem der zahlreichen Winkel. Wie eine Maus, dachte ich oft gerührt, oder besser, wie ein kampferprobter Mäuserich. Mit schiefgelegtem Kopf stand sie da, immer in Rock und Bluse, das blauschwarze Haar streng aus dem schmalen Gesicht frisiert. Im Wohnraum war der Tisch gedeckt. »Wir nehmen Tee und Abendessen in einem«, sagte die praktische Tante, beugte sich prüfend über Kuchen- und Wurstplatten, reichte knusprige Brötchen und Salate. Wir saßen uns gegenüber, schauten uns an und hatten uns gern. Erst tranken wir Tee, später Wein. Mal zauberte die Abendsonne Goldbronze auf die schrägen Wände, mal kroch graue Dämmerung durch die Fenster; dann knipste Tante die Stehlampe an, und der große Raum wurde klein, schrumpfte zu einem winzigen Lichtinselchen zusammen, einzig für uns beide und den vollbeladenen Tisch geschaffen.

Nie stellte die Tante unangenehme Fragen; sie äugte höchstens forschend über die Brillengläser und wartete ab. Und schon fing ich an zu erzählen, redete mir Dinge vom Herzen, die ich eigentlich niemanden anvertrauen wollte. Sie hörte mir zu, ohne zu unterbrechen, gab sich nie sonderlich erstaunt oder gar schockiert. Ihre Ratschläge waren kurz, Abstand haltend, aber immer Hilfe anbietend.

Kommentarlos übersah sie blondgetöntes Haar und Schminke, hielt Aschenbecher und Streichhölzer bereit und ermunterte: »Na, nun steck dir schon eine an.«

Hatten wir meine Probleme gelöst, erinnerte sich Tante an die ihren. Immer waren es die Steuern und die leidige Steuererklärung, die sie in heftigsten Zorn versetzten. Kerzengerade saß sie dann auf einem winzigen Eckchen Sessel und rief empört: »Der Staat frißt mir noch die Haare vom Kopf. Ich leiste mir nichts, und sehe trotzdem das Vermögen schwinden. Aber mit einer armen Witwe kann man es ja machen! Doch sie werden sich wundern, die Herren, sehr wundern! Als erstes werde ich den Steuerberater wechseln, den schlappen Hohlkopf!« Wütend trommelten die kleinen Fäuste auf die Sessellehnen und »Ach«, seufzte sie oft abgrundtief, »das Frausein taugt nichts. Wäre ich doch nur ein Mann geworden!« Es schmerzte mich jedes Mal, wenn die Tante mit dem Schicksal hadernd diesen unerfüllbaren Wunsch äußerte, zumal ich sie mir gut als Mann vorstellen konnte. Sprach sie über Vermögen und Geld, flammten wie bei Onkel Julius Feuerchen in ihren Augen; grübelte sie über Hauserträge und Mieterhöhungen, blinzelte sie ebenso listig wie Papa. Respekteinflößend saß sie hinter dem großen Schreibtisch, studierte Steuergesetz und Paragraphen, klopfte energisch mit dem Bleistift auf die Schreibtischplatte und mahnte: »Laß dir nie die Butter vom Brot nehmen!«

Manchmal fuhren wir miteinander zu den Eltern. Ich freute mich dann immer, denn der Besuch der Tante vertrieb die bedrückende Atmosphäre zu Hause. Mutter fand keine Zeit an meinem Aussehen herumzumäkeln, und tat sie es doch, rief die Tante: »Laß sie in Ruhe, Antonie; sie ist doch jung! Was haben wir schon von unserer puritanischen Jugend gehabt? Nichts als Traumgespinst und Enttäuschung!«

Ein schmerzliches Schweigen stand dann zwischen den Schwestern. Ich hätte sie so gern in die Arme genommen, sie getröstet, doch ich fand keine Worte des Trostes – ihre Jugendzeit war lange vorbei – »vertan«, sagte Mama bitter.

Papa haßte die »trübe Wühlerei in der Vergangenheit«. Er zog Tante Karla zu sich auf das Sofa, und sofort begannen beide in hitzigen Wortgefechten zu schwelgen.

***

Inzwischen hatte ich Rolf kennengelernt. Wir rückten immer enger zusammen; hin und wieder sprachen wir zaghaft vom Heiraten. Der Gedanke in eine weit entfernte Stadt zu ziehen, fiel mir nicht schwer. Die Eltern führten ihr abgesondertes, ganz auf sich gestelltes Leben, in dem ich mir oft wie ein Störenfried vorkam. Auch im Städtchen fühlte ich mich immer fremder werden. Die Freunde arbeiteten längst in ihren Berufen; sie bauten auf, wir bauten ab. Die Filialen standen leer oder wurden zu Mindestpreisen vermietet. Die Stammfabrik im Städtchen sollte verkauft werden. Vater wurde krank, schwer krank. Jetzt mußte ich nach Hause. Allein mit Herrn Bollmann saß ich im Büro, schrieb die wenigen Briefe, übernahm die Durchschreibebuchführung und dachte bei jedem neu eingelegten Blatt: »Ob das wohl noch voll wird?«

Um uns herum herrschte Todesstille. Wenn Herr Bollmann über das Parkett trabte, glaubte ich ein Aufstöhnen der Wände zu hören, ein Zittern der Fabrikmauern zu spüren. Manchmal kamen selbstherrliche Fabrikanten aus der Umgebung, boten mir einen knappen Gruß, stelzten durch Büros und Fabriksäle, feilschten um Schreibmaschinen, Tische und Stühle, sprachen höhnisch von altmodischem Kram. Doch Vaters Freunde lebten auch noch. Ladeninhaber und Wirtsleute klingelten am Schiebefenster des Kontors und kauften Lagerrestbestände ihrer Lieblingsmarken. Zu den treuesten Kunden gehörte Herr Läufer. Fast jede Woche stand er im Büro, verlegen den Bestellzettel in Händen drehend, immer wieder kopfschüttelnd beteuernd: »Das ist doch alles nicht mehr zu verstehen!« Herr Speck hatte gekündigt, zog weg zum Bodensee, war froh, das Ende nicht mehr miterleben zu müssen.

Und draußen blühte der Magnolienbaum – ein letztes Mal. »Wenn es doch hageln würde«, knurrte Herr Bollmann, »ich mag die Blütenpracht nicht mehr sehen«.

Während Vater wochenlang mit dem Tode rang, war Mutter ganz in die Klinik übergesiedelt. Tag und Nacht saß sie an seinem Bett und versuchte ihn ins Leben zurückzuholen. Als es ihm dann endlich besser ging und sie nach Hause zurückkam, führte sie stundenlange Telefongespräche mit Onkel Julius und beschleunigte den Verkauf der Fabrik. Ihr Gesicht wurde hart, versteinerte sich von Tag zu Tag mehr.

Schweigend saßen wir abends im Eßzimmer. Mutter grübelte vor sich hin, ich stickte Tischdecken, strickte Topflappen. Rolf und ich hatten beschlossen zu heiraten. Eine stille Hochzeit, ohne jeden Aufwand. Den Eltern war es nur recht so. Es gab keinen Grund mehr, im Städtchen groß zu feiern. Die Zeit der prächtigen Krefftschen Hochzeiten war vorbei.

Erst als ich vom Vater Abschied nahm, wurde mir mit erschreckender Deutlichkeit bewußt, daß ich mich für ein endgültiges Weggehen entschieden hatte; daß es in Zukunft kein Heimflüchten durch Hintertüren gab, kein lamentierendes Unterkriechen, kein Zurücknehmen des gegebenen Wortes.

»Du gehörst jetzt zu deinem Mann«, sagte Papa, »hast es selbst so gewollt, und ich erwarte von dir, daß du deine Aufgabe an seiner Seite ordentlich erfüllst.« Beim letzten Händedruck nahm er zum ersten Mal vor mir den Hut ab, eine Geste, die weiten Abstand zwischen uns legte, mir im vorhinein Respekt zollte und mich gleichzeitig verpflichtete.

***

In meinen ersten Ehejahren kam ich selten nach Hause. Wozu auch; es gab ja das Telefon, ich schrieb Briefe, schickte Kartengrüße aus aller Welt.

Irgendwann erfuhr ich, daß die Fabrik abgerissen sei und eine Sparkasse auf dem Grundstück gebaut würde. Ich konnte und wollte mir das nicht vorstellen. Von Gretel und Herbert kam eine Hochzeitsanzeige und erinnerte an gemeinsam geträumte Träume. Im Herbst schickte Vater Obstkisten mit feinem Tafelobst. Ich streichelte die rotbackigen Äpfel und fragte mich, wessen Hände sie wohl gebrochen haben mochten. In der Holzwolle glaubte ich den Geruch unserer Kistenschreinerei wiederzuentdecken. – Zu Weihnachten trafen Mutters berühmte Linzertorten ein, das köstliche, altvertraute Gebäck.

Bei meinen Kurzbesuchen fand ich die Eltern still und ernst im abgeschlossenen Haus. »My home ist my castle«, lächelte Mama, besserte alte Vorhänge aus und strich zärtlich über verblichene Polster. Auf der Wiese im

Vorgarten stand jetzt die alte Sonnenuhr aus dem Fabrikhof. Ein kleiner Rosenstrauch rankte an ihr empor. Für uns war sie zum Denkmal geworden, dessen Sprache nur wir drei verstanden. Im Herrenzimmer tickte langsam und zögernd die Standuhr aus dem Privatbüro, schlug so schleppend die Stunden, als sei sie der Zeitrechnung müde geworden.

Ein tintenbekleckstes Schreibmaschinentischchen stand im Bauernstübchen, darauf die letzte verbliebene Adler-Schreibmaschine. Hier tippte Vater mühsam mit zwei Fingern seine Korrespondenzen. »Wenn ich Hilfe brauche, kommt Frau Kohler«, sagte Papa, und aus seinem Erzählen entnahm ich beschämt, mit welch selbstverständlicher Würde meine Freundin Gretel den Eltern die Treue bewahrte.

Pünktlich wie früher wurden die Tageszeiten eingehalten. Bis 10 Uhr lag Vater zu Bett, nahm dort sein Frühstück ein, immer noch kränkelnd, von der Mutter aufopfernd gepflegt. Anschließend saß er im Herrenzimmer, erledigte Schriftliches, grübelte über Aktienkursen, schaute uns kritisch von der Seite an und brummte: »Ihr werdet euch noch wundern, wenn ich nicht mehr da bin und für Ordnung sorge.«

Beim Zwölfuhrläuten stand die Suppe auf dem Tisch. Radio Beromünster brachte Nachrichten. »Bergab geht's«, stellte Papa fest, »kein Wunder, wenn die Sozis an der Macht sind!« Empört raffte er die »Frankfurter Allgemeine« zusammen und verzog sich auf das Sofa im Elternschlafzimmer. Mama saß im Wintergarten unter den alten Palmen, die Füße auf ein Fußschemelchen gelegt, und plauderte leise mit Frau Seiboldt. Ich döste auf meinem Bett, entdeckte die großen, dicken Sommerfliegen wieder, die träg in den Gardinen schaukelten und spitzbeinig Tapetenmuster abschritten. Um 16 Uhr, nach dem Tee, erwartete Papa entweder Besuch oder machte seinen üblichen Spaziergang. In weitem Bogen umkreiste er das Haus, blickte sehnsüchtig hinauf zu den steilen Waldhöhen und seufzte: »Könnte ich doch noch einmal dort oben sein.«

Bei gutem Wetter saßen die Eltern nach dem Abendessen auf der Terrasse. Schweigend schauten sie über die Wiese, hinein ins Blätterflimmern der Birken und Rotbuchen, schauten hin zum Vogelbecken, zu planschenden Amseln und Meisen. Vom Städtchen her wehte friedliches Abendgeläut. »Kind«, sagte der Vater, »liebes Kind, wenn du wüßtest, wie schnell die Jahre im Alter entfliehen«.

***

Onkel Julius starb als erster. Rolf und ich kamen, um die Eltern zur Beerdigung abzuholen. Doch Mutter weinte nur fassungslos vor sich hin, und Vater fühlte sich krank und war kaum ansprechbar. »Versteht mich doch«, sagte er leise, »das geht über meine Kräfte«, und dann fast böse werdend, »laßt mich endlich in Ruhe, ich will von Julius in aller Stille Abschied nehmen.«

Am Grab des Onkels, der seine Fabrik über die schlechtesten Zeiten hinweggerettet hatte, fanden sich noch einmal die Zigarrenfabrikanten aus dem süddeutschen Raum zusammen; die meisten von ihnen waren ungewollt zu Privatiers geworden.

Die Belegschaft der Stammfabrik, in der ein ganzes Dorf Beschäftigung fand, drängte sich schwarzwogend zwischen den Gräbern. Omnibusse brachten Werkmeister und Arbeiter aus den Filialen. Unübersehbar standen die Leute die Friedhoftreppe hinunter, und weit in den Ort hinein. Reden wurden gehalten, drückten letzte Anerkennung und Würdigung aus. Auf eindrucksvollste Weise entfaltete sich hier noch einmal Tradition, Standesbewußtsein und Zusammengehörigkeit aus vergangener Zeit, und man konnte sich des Gedankens nicht erwehren, daß gleichzeitig mit dem Onkel eine sterbende Branche bestattet wurde.

Lautlos begann sich der Schicksalskreis zu schließen. Nur wenige Jahre später standen auch die Gregor-Fabriken zum Verkauf.

***

Die Familie traf sich wieder zu Mamas 70. Geburtstag, der in einen unvergleichlich schönen Sommer fiel. Im Garten wucherten dicht aneinandergedrängt leuchtend bunte Blumenkissen, quollen über die Steinmäuerchen, griffen mit spitzen Rankenfingern in die frisch geharkten Kieswege und streuten übermütige Farbkleckschen ins ordentliche Grau. Weich, wie ein grüner Samtteppich schmiegte sich die Wiese um die Bäume. Fliegen- und Mückenvölker tanzten in der unbewegten Luft. Schon seit Wochen wölbte sich der Himmel tiefblau über dem Tal. Golden kletterte morgens die Sonne über die dunklen Tannenwipfel und versank abends in rotflammernder Glut. Dann legte sich schwer der Blütenduft um das Haus, schleierte durch die weit geöffneten Fenster und küßte unsere müden Gesichter. Im Schweigen jener Abendstunden entdeckte ich die wundersam beredte Stille meiner Kindheit wieder, fühlte mich wieder eins werden mit den Eltern. In spröder Wortlosigkeit saßen wir zusammen und hüteten gemeinsam den kostbaren Schatz unserer Erinnerungen. Wir lauschten hinaus in die Sommernacht, hörten in Hecken und Büschen geheimnisvolles Leben knistern, ein Wispern und Flüstern raunte durch den Garten, unsichtbare Füßchen scharrten über die Kieswege und erinnerten mich an Vaters Erzählungen von den nächtlichen Kriegszügen der tapferen Feldmäuse.

Am Morgen des Festtages feierte die Vergangenheit noch einmal Triumphe. Mißbilligend beäugte Vater die überquellenden Blumenvasen, stieg mürrisch über Blumenschalen und Topfpflanzen, nannte sie »unnütze Stinker« und »geißbockige Sauerstoff-Fresser«, zeigte sich einzig interessiert an den beiliegenden Kärtchen und an den treppauf-, treppabjagenden Botenjungen, die er mit klingenden Münzen beglückte.

Und dann kam die Verwandtschaft. Behäbig rollten die frischpolierten Wagen durch die Einfahrt. Alle einheitlich in würdig schwarzem Lack, verschieden nur durch Größe und Komfort. Fix wurden diese Unterschiede abtaxiert, brachten sie doch etwas Licht in die sorgsam umdunkelten Vermögenslagen.

»Einzug der Gladiatoren«, rief Papa vergnügt und betrachtete amüsiert die ankriechenden »Beerdigungskarossen«. Hocherhobenen Hauptes – nun selbst Cäsar ähnlich – schritt er den Gästen entgegen.

Neben mir saß Tante Meta; damals schon leidend, aber immer noch die fröhlichste der Gregor-Schwestern. Dünn war sie geworden. Ihr schütteres Haar verbarg sie unter einer Perücke mit lustigem Lockengekringel, und alle versicherten ihr übereifrig, sie habe sich erstaunlich verjüngt. »Für mich ist's vorbei mit dem Wühlen und Rackern«, sagte sie lachend, »und es ist gut so: Endlich nehme ich mir die Zeit zum Nachdenken, zum Spazierengehen, zum Schauen und Zuhören. Oft glaube ich dabei eine ganz neue Welt zu entdecken: insofern könnte man Hinfälligkeit fast als Gnade betrachten. Und warum sollte ich Angst vor dem Sterben haben? Ich bin sicher, daß uns ›Drüben‹ unvorstellbar Schönes erwartet, es könnte sogar sein, daß es dort Ähnliches wie Sex gibt!« Verschmitzt lächelnd betrachtete sie mein verblüfftes Gesicht. Dieser Gedanke, aus dem Mund einer meiner Tanten, der Schwester meiner Mutter geäußert, war so bizarr und überraschend, daß in diesen Minuten mein strenggefügtes Familienbild aus seinem prüden Rahmen fiel, und in unzählige schillernde Mosaiksteinchen zersplitterte. Ich blickte hinüber zu Onkel Felix, der selbstgefällig und breit und lachend im Sessel hockte, und ich fragte mich, ob er sich wohl jemals echt bemüht hatte, seine Frau kennenzulernen? Wie viele Wünsche und Sehnsüchte mochte er mit seinen frommen Bibelsprüchen erdrosselt haben? Totgepredigt mit dem immerwährenden Moralgeleier? Und prompt bestätigend hörte man ihn schon wieder psalmieren: »Müßiggang ist aller Laster Anfang, darum betet und arbeitet!« »Amen«, rief Papa und ließ einen Sektkorken an die Decke knallen.

Wenige Zeit später, als die Tante immer kränker wurde, bat sie noch einmal ihre Freunde zu einem großen Fest. Niemand konnte sich den Anlaß so recht erklären. Es sei ihr einfach zum Feiern zu Mute, zu einem längst fälligen Wiedersehen, zerstreute sie die Bedenken. Kurz darauf kam sie ins Krankenhaus und starb. Spätestens jetzt wurde allen klar, daß Tante Meta zum eigenen Abschiedsfest geladen hatte. Noch einmal wollte sie ihre Freunde in ahnungsloser Fröhlichkeit um sich sehen, ihre Hände drücken, Blicke tauschen, und ihre Gesichter mit auf die letzte Reise nehmen.

Es zog mich jetzt wieder häufiger nach Haus. Im heulenden Herbststurm hörte ich wieder die Dachpfannen klappern, hörte Windfäuste krachend an die Fensterläden schlagen, prasselnde Regenschauer um das Haus peitschen. Wie in alten Zeiten saßen die Eltern und ich im schummrigen Licht der Stehlampe; in den Heizkörpern pochte die Wärme und Mama flüsterte zufrieden: »Wie gut, daß wir ein Dach über dem Kopf haben.« Da der Obstgarten verkauft war, brauchte Papa nicht mehr um die Apfelbäume bangen. Lächelnd saß er auf dem Sofa und erzählte aus der Vergangenheit. Noch einmal wurde er zum großen Magier, der mich zurück ins Kinderland zauberte. Vergessen geglaubte Namen tauchten auf, nahmen Gestalt an, traten ins Zimmer und ließen sich bei uns nieder: Der Magnolienbaum blühte, Onkel Alfred zog mit dem Musterkoffer zum Fabriktor hinaus, Großvater hustete Abschiedsrührung aus dem Kontorfenster . . .

Rumorte ich spätabends noch im Badezimmer, gab Papa oft Klopfzeichen und rief: »Komm doch noch ein wenig zu uns, Annabelle.« Im Elternschlafzimmer saß ich dann auf Vaters Mittagsruhe-Sofa, schaute hinüber zu den großen, weißen Kissen, aus denen mir Vater und Mutter aus schmalgewordenen Gesichtern zulächelten. Beklommen dachte ich an die vielen einsamen Nächte, die die Eltern im stillen, großen Haus verbrachten. Unter dem Telefon steckte ein Zettel mit den wichtigsten Telefonnummern: Polizei, Feuerwehr, der Arzt, die Nachbarn. »Für den Notfall«, sagte Vater fast verlegen.

Oder aber es kam vor, daß Mama noch nachts in meinem Zimmer Licht erspähte. Dann schlüpfte sie im langschleppenden Nachthemd herein und sah aus wie ein kleines Mädchen. Ich erzählte ihr aus meinem Leben, schmückte das Schöne aus und verschwieg weniger Schönes. »Du bist halt mein Schlingele«, lachte sie oft begeistert, »mein einzig kluger Pfifferling«.

Auf rührende Art versuchte sie immer noch Außergewöhnliches in mir zu finden. Sie bewunderte Mut und Energie, wo doch nur Mittelmaß vorhanden war. Wie gerne hätte ich ihr damals meine Schwächen gestanden, doch ich mochte ihren Traum nicht zerstören. Vielleicht durchschaute sie mich auch und wollte mein Selbstbewußtsein stärken.

»Fang' endlich an zu schreiben«, drängte sie wiederholt in jenen Nachtstunden, und obwohl ich lachend abwehrte, begann ich darüber nachzudenken.

***

Von Vaters Nachttisch waren die vielen Bücher verschwunden. Neben der Brille lag nur noch ein altes abgegriffenes Gebetbuch, aus dem bündelweise die schwarzrandigen Erinnerungsbildchen verstorbener Freunde und Verwandten quollen. Die bunten Bändchen zwischen den Blättern wechselten täglich ihre Reihenfolge. Der gestrenge Hochwürden, im Alter mild und gütig geworden, verbrachte lange Nachmittagsstunden im Herrenzimmer. Wenn das Gartentürchen schlug und er gebeugt mit schleppenden Schritten auf das Haus zukam, stand Vater oft schon wartend hinter dem Vorhang und rief: »Antonie, hol den französischen Rotwein aus dem Keller: Hochwürden ist im Anmarsch.«

Als ich ihm nach vielen Jahren zum ersten Mal wieder die Haustür öffnete, sah er mich erstaunt und den Vater fragend an. »Aber Herr Pfarrer«, sagte Papa, »das ist doch die Annabelle.« – Doch im forschenden Blick meines Religionslehrers glomm nur zögerndes Erkennen, und es wurde mir schmerzhaft bewußt, daß er das ihm bekannte Kind in meinem Gesicht nicht mehr finden konnte.

Grau floß das Abendlicht in den Dämmerstunden jenes Spätherbstes durch die Gardinen. Es wob düstere Schleier um Schränke und Bücher, ließ Bilder verblassen; Goldrahmen umgrenzten schwarze Leinwand. Vater saß mit geschlossenen Augen im Sessel, weit entrückt, mit gläsernem, zerbrechlichem Gesicht. Unantastbarer Friede hielt ihn umfangen; ein geduldig ergebenes Warten machte ihn unerreichbar. Nur die alte Standuhr tickte. Im Gleichmaß des schwingenden Pendels zerrannen Sekunden, Minuten und Stunden. Ich wartete mit dem Vater; sah in den schwarzen Schatten der Nacht sein buntes Leben noch einmal an mir vorüberziehen, sah, wie das Dunkel ihn einhüllte und meinen Blicken endgültig entzog.

Auch des Erzählens war er müde geworden. Unsere engste Verbundenheit wuchs aus dem Schweigen; sie bedurfte keiner Worte mehr. Wir saßen uns gegenüber, er in seiner Abgeklärtheit, ich seinen Blick suchend. Dann konnte er manchmal aus der Ferne zurückfinden, mich forschend und prüfend betrachten wie früher, mir gleichzeitig ein schmerzliches Lächeln schenkend, als bedenke er erlittenen Kummer und ausgefochtene Kämpfe, die mir noch bevorstehen würden.

Noch einmal konnten die Eltern zusammen das Weihnachtsfest feiern; dann wurde Papa krank. »Eine Bronchitis«, sagte Mama am Telefon, und ein paar Tage später, »eine Lungenentzündung. Wir müssen sofort ins Krankenhaus«. Ich nahm den nächsten Zug. Als ich in der Kreisstadt ausstieg, erwartete mich ein Verwandter auf dem Bahnsteig. »Herzliches Beileid«, hörte ich ihn sagen, »dein Vater ist gestorben«. Ich war um wenige Stunden zu spät gekommen. Im Krankenhaus umarmte mich wortlos meine treue Freundin Gretel. Sie war es, die meiner Mutter in ihren bittersten Stunden beigestanden hatte. Sie hatte schon alle Formalitäten geregelt, zusammen mit Mama den Sarg ausgewählt und sich um die Überführung gekümmert. Wie hatte doch Vater früher immer gesagt: »Frau Kohler ist von natürlichem Adel. Betrachte ihre Freundschaft stets als kostbarstes Geschenk der Heimat.«

»Er hat immer auf die Tür geschaut«, schluchzte Mutter verzweifelt, »er hat gewartet bis zum Ende.«

Als ich den Vater wiedersah in seinem Eichensarg, sah er ebenso gläsern und zerbrechlich aus, wie damals im herbstlichen Dämmerlicht. Gärtner Wetterer hatte ihm Rosen in die Hände gelegt, und das Kopfkissen mit Rosensträußchen geziert. Wassertröpfchen waren auf das Gesicht gefallen. Sie hingen wie Abschiedstränen unter den Augen.

Das Grabmal wurde poliert. Die abgeblätterte Nase der heidnischen Göttin bekam einen schwarzen Farbtupfer; über ihr wurde eilends ein goldenes Kreuz eingemeißelt.

Abends läutete das Wimmerglöckchen zum Rosenkranz. Noch immer knieten rechts des Altars die Männer, links die Frauen. Kerzen flackerten und warfen warmes Licht auf gesenkte Köpfe. Ehemalige Arbeiterinnen aus der Zigarrenfabrik in Tracht und schwarzen Kopftüchern, ließen andächtig Rosenkranzperlen durch rauhe Hände gleiten. Krachend fiel die Kirchentür ins Schloß, und durch den Hauptgang stapfte tiefgebeugt, wie in der Mitte abgeknickt, Herr Zapf und nahm prustend seinen

Stammplatz ein. »Herr erbarme dich unser«, schmetterte er dem Gekreuzigten entgegen, und »Herr gib ihm die ewige Ruhe«, hallte es dröhnend und beschwörend von seinen Lippen. Die grollende Stimme schien fest entschlossen das Fegfeuer zu durchdringen, und sich bis in den Himmel zu Gottes Ohr durchzukämpfen. Friede senkte sich in mein Herz, und »Vater«, dachte ich lächelnd, »lieber Vater jetzt wird es dir gut gehen. Dein alter Freund Heinrich steht dir bei auf deinem einsamen Weg«.

Nach der Andacht führte ich den unvergeßlichen Begleiter meiner Kindheit die Treppe hinunter. »Wissen sie noch, Herr Zapf«, sagte ich leise, »damals ihre köstlichen Überraschungsmenus?« Mit seinen junggebliebenen Augen blitzte er mich von unten an und donnerte über den nachtschwarzen Kirchplatz: »Vergiß nicht die Sahnetorte, Annabelle, meine berühmte Sahnetorte!«

Am Beerdigungsmorgen strahlte die Sonne aus früh geschenktem Frühlingshimmel. Die Gregorsche- und die Krefftsche Verwandtschaft traf sich in unserem Haus. Von Mutters Geschwistern lebte nur noch Tante Valerie, aus Vaters Linie kamen ein paar alte Vettern und Cousinen. Die jüngere Generation beherrschte das Bild. Sie stand sich gegenüber, ohne sich näher zu kennen, zerfiel in Cliquen, jeder gutwillig bemüht, schwache Erinnerungen aufzustöbern, um gleichzeitig überdeutlich zu erkennen, daß mit dem Ableben der alten Herrschaften die Familie auseinandergebrochen war. Mit ihnen hatte sie ihren Halt verloren.

Durch die Fenster der Friedhofskapelle strömte in breiten Bahnen das Sonnenlicht. Wie ein großes buntes Blumenbeet umschmiegten die Kränze den Sarg, wuchsen beidseits zu den Wänden und den alten Mauern entlang bis hin zum Portal. Schwarz wispernd drängten sich die Flüsterseelen durch die weit geöffnete Türe. Draußen jubilierten Vogelstimmen. Ich fühlte Kummer und Trauer abfallen, fühlte mich seltsam einbezogen in das Aufjauchzen der Natur. So hatte der Vater das Leben geliebt: sonnentrunken und singend.

Wie eine fröhliche Bittprozession folgte dem Sarg und dem Kreuzträger die lange Schar der Freunde. Wir zogen vorbei am schmalgeduckten Grab von Onkel Alfred, schlängelten quer über den Friedhof, grüßten hinüber zu den Großeltern und dem trauernden Christuskopf, bogen dann ab zur griechischen Göttin, die schwarzfunkelnd in der Sonne gleißte. Während der Sarg in die Erde sank, schaute ich hinauf zum blauen Himmel und glaubte dort oben Vaters schelmisches Lächeln zu entdecken. Und eben in diesem Moment trat ein Redner vom Fußballverein an das Grab. Mama schnaubte empört ins Taschentuch und durchbohrte ihn mit Gletscheraugen. Erst stokkend, dann zäh ausführlich werdend, rühmte der brave Balltreter die Verdienste des Verstorbenen, und ich konnte nicht umhin ihm aufmunternd zuzunicken: war es doch Vaters große Zeit, von der er sprach.

Im Gasthaus »Zum Raben«, wo einstmals die Hochzeit von Tante Viktoria gefeiert wurde, gaben wir Papas Abschiedsessen. Zigarrenrauch kräuselte zur niedrigen Decke, aus der Ecke schaute der grüne Kachelofen, muntere Gesprächsfetzen flogen über lange Tischreihen.

Ich warf einen kurzen Blick aus dem Fenster. Drüben, über der Straße, stand einmal ein Magnolienbaum, und dahinter senfgelb mit rotem Ziegeldach eine Zigarrenfabrik . . .

Neben mir saß Herr Bührer, der Waldbauer. Immer noch rotbackig, mit grüner Weste und goldener Uhr-

kette; trotzdem glich er einem gefällten Baum. Er schenkte mir ein Foto seiner verstorbenen Frau, schaute es vorwurfsvoll an und sagte: »Sie hat mich allein gelassen, ganz allein auf meinem gottverdammten Altenteil. Und der Hof soll auch gesprengt werden, weil er unwirtschaftlich geworden ist. Da möchte ich am liebsten mit in die Luft fliegen.« In großen Schlucken trank er den Wein und meinte dann lächelnd: »Geh, gib mir noch einmal ein Küßchen wie damals, als du ein kleines Mädelchen warst.« Und ich nahm seinen dicken Kopf in meine Arme und küßte die glühenden Apfelbacken. Belustigt stellten wir die erstaunten Blicke ringsumher fest. Die Guten wußten ja nichts von unseren schönen Erinnerungen.

***

Verblaßt und verweht ist die Blütenpracht des Magnolienbaums; verschwunden sind die Zigarrenfabriken und ihre stolzen Besitzer. Was aber bleibt, ist die Dankbarkeit, unter Magnolienblüten aufgewachsen zu sein, hineingeboren in ein wundersames Städtchen, in dem heute noch wispernde Flüsterseelen durch die Gassen huschen, an Wirtshaustheken die Köpfe zusammenstecken und raunen: Es war einmal . . .